AF599603

CATARATA

ÒSCAR MURCIANO

Ingeniero en informática y trabajador del sector de la consultoría tecnológica. Fue secretario de Acción Social y posteriormente de Acción Sindical de la CGT de Catalunya entre 2014 y 2023. Ha participado activamente en numerosos conflictos sindicales y actualmente es secretario de Acción Sindical del sindicato de Actividades Diversas de Terrassa y miembro de la Coordinadora de Informática de la CGT.

Òscar Murciano

Cómo ganar una huelga

Prólogo de Saturnino Mercader

COLECCIÓN INVESTIGACIÓN Y DEBATE
SERIE: LIBREPENSAMIENTO

ZURBANO, 76
28010 MADRID
TEL. 91 532 20 77
WWW.CATARATA.ORG

CÓMO GANAR UNA HUELGA

ISBN: 978-84-1067-568-1
DEPÓSITO LEGAL: M-5.227-2026
THEMA: KNXU/LNHR

ÍNDICE

PRÓLOGO

Escribo estas líneas después de haber leído el trabajo de mi amigo y compañero Òscar Murciano, *Cómo ganar una huelga*, y lo primero que tengo que decir es que me ha sorprendido gratamente porque en su contenido enumera, una por una, todas las facetas de una huelga, al menos por las que he pasado yo, junto a mis compañeros y compañeras de autobuses de Barcelona en las numerosas huelgas, ofensivas y defensivas, que hemos protagonizado desde 1992. Creo que Òscar ha hecho un trabajo excelente que va a servir de guía a muchos compañeros y compañeras que están empezando en esto del "sindicalismo".

Si hubiésemos tenido en nuestras manos esta publicación en los años noventa, nos habría evitado algunos de los errores que cometimos y que solo pudimos dejar de repetir a base de la experiencia que íbamos acumulando.

Como dice Òscar, no hay dos huelgas iguales y, aunque todas tienen unos procesos similares, hay que saber en todo momento qué pasos dar dependiendo de las circunstancias en las que nos tengamos que mover.

Desde la clase trabajadora, siempre hemos luchado por mejorar nuestras condiciones de trabajo, y también las sociales. Igual que los empresarios quieren conseguir el máximo beneficio de los capitales que invierten en un negocio, nosotros siempre hemos querido ganar más, trabajar menos, trabajar todos y hacerlo en mejores condiciones. En el interior de las empresas, estos objetivos, los del empresario y los de la plantilla, chocan. El empresario quiere ganar más y nosotros queremos mejorar nuestros salarios o nuestras condiciones de trabajo. Es en este momento, si la plantilla está preparada, en el que no hay otro camino más que ir a la huelga.

Las huelgas se hacen para ganarlas; a nadie le gusta que le descuenten dinero por hacer huelga si con ella no se va a conseguir nada, por lo que antes de convocar una hay que planificarla y tener muy claro los pasos que vamos a dar para conseguir los objetivos que nos marquemos.

Quejarnos a la hora del bocadillo o en la máquina del café es un clásico que se repite en todas las fábricas y tajos. Pasar de la queja a la acción es otra cosa. Hace falta un trabajo de coordinación, que sin duda recaerá en los compañeros y compañeras más concienciados y, a través de la agitación, la propaganda y las asambleas, se podrá saber si la mayoría de la plantilla está dispuesta a ir a la huelga o no.

La experiencia me ha demostrado que cuando lo que se está pidiendo en una huelga es un tema u objetivo claro —una subida concreta de salario, más días de descanso, que no despidan a algún compañero— es mucho más fácil que la plantilla apoye las reivindicaciones de forma decidida.

Una huelga indefinida o conflicto indefinido quiere decir que hasta que no se consiga lo que pedimos, la lucha no puede cesar. Nos enfrentamos a gente muy lista, se han formado para explotarnos y saben utilizar multitud de tácticas para enredarnos y salirse con la suya. Pueden utilizar el buen rollo, las amenazas o, como señala Òscar Murciano, ambas técnicas. Nos amenazarán o nos intentarán "comprar", como hacen a menudo con los sindicatos del "poder". Posiblemente nos agasajarán o nos invitarán a comer para "intercambiar" opiniones, nos dirán que eso de las huelgas ya está "pasado de moda", que es sindicalismo del siglo pasado y que ahora lo que se lleva es negociar por el bien de la empresa. Asegurarán que ellos respetan nuestro derecho a hacer huelga, "faltaría más", que son democráticos y hasta en algunos casos se declaran de izquierdas, pero nos pedirán que nosotros respetemos la ley:

que no demos problemas, que dejemos trabajar a los "compañeros" que no quieran hacer huelga (esquiroles) y que controlemos a nuestra gente (piquetes).

Ante las estrategias de la empresa, si sabemos estar en nuestro sitio, no tenemos que temer "meter la pata". La democracia obrera es completamente diferente de la democracia burguesa o parlamentaria. Cuando una asamblea general masiva decide por mayoría hacer huelga, todo el mundo está obligado a hacerla; lo que se consiga con la movilización será para todos, por lo que aquí no caben opciones particulares sobre si participar o no en la huelga. De ahí la necesidad de que la mayor parte de la plantilla participe en los piquetes para que se respeten las decisiones de la asamblea.

Igual que las direcciones de las empresas, sean públicas o privadas, van a utilizar la prensa amiga (mercenaria), y en muchos casos a los jueces y a la policía para intentar romper las huelgas, las plantillas en no se pueden quedar de brazos cruzados en casa o en la puerta de la fábrica. Hay que sacar el conflicto a la calle, hay que presionar lo máximo posible, y para ello tendremos que pedir apoyo (que lo tendremos) al sindicato, a los vecinos y vecinas, y a los movimientos sociales. En una huelga vale todo para conseguir lo que se pide. Hay que recordar que la sartén la tiene cogida por el mango la patronal y, como no se quemen la mano, no la va a soltar. El jefe no es nuestro amigo.

Òscar nos recuerda que los compañeros o compañeras que nos representen en una negociación han de estar arropados por la plantilla y se tienen que comportar como lo que son: meros portavoces de las decisiones de la plantilla, pues ellos o ellas no pueden decidir nada. Si eso lo tiene claro la empresa, será más difícil que los puedan "engañar". La patronal tiene que saber que lo que presenta en una mesa de negociación lo tiene que aceptar la asamblea.

Este trabajo de Òscar Murciano va a ser sin duda una buena herramienta para ganar futuras huelgas. Los ejemplos y metáforas que abundan en esta obra facilitan su comprensión. Le conozco desde hace años, hemos coincidido en muchas movilizaciones y en órganos de coordinación del sindicato, y siempre ha demostrado ser un gran militante. Este libro es una muestra más de la enorme capacidad de trabajo y la ilusión que pone Òscar en todo lo que hace a favor de la clase trabajadora.

Saturnino Mercader

INTRODUCCIÓN

Era octubre, pero todavía hacía calor en la construcción de una infraestructura estatal donde el descontento entre trabajadores y trabajadoras se estaba incrementando. La patronal abonó los salarios de los que dependía su subsistencia con 20 días de retraso, lo que afectó especialmente al colectivo de obreros auxiliares —mientras que el de especialistas tenía un mejor trato—. Al mes siguiente, y después de 18 días más de retraso en el pago, estalló el conflicto. La plantilla de obreros auxiliares dejó el trabajo y se dirigió a la casa del responsable de la obra, mientras la seguridad de las instalaciones trasladaba las quejas al alcalde de la ciudad.

Al tercer mes, continuaban los impagos y se iniciaron disturbios. Las protestas subieron el tono y se exigió responsabilidades políticas por la situación creada, mientras la administración ignoraba el problema con excusas. Los obreros especialistas se solidarizaron con la situación de los de menor categoría y se unieron a las protestas. El día 13 de ese mes, al grito de "estamos hambrientos", avanzaban en manifestación hasta la casa del alcalde, donde hicieron una sentada conjunta. El día 25 se reunieron en asamblea y decidieron trasladar una denuncia, acusándole de corrupción.

Los impagos de salario se mantuvieron durante unos meses más hasta que se solucionó el enfrentamiento, pudiendo continuarse entonces la obra hasta su finalización.

Por sus características podría parecer un conflicto más sucedido hace unos meses o años, pero se trata de la primera huelga documentada, ocurrida en el 1155 a. C. durante las obras de construcción de la tumba de Ramsés III, en el valle de los reyes y bajo la jurisdicción de la ciudad de Tebas. Los salarios acordados por la administración se pagaban en forma de grano y legumbres a los tres colectivos existentes (obreros artesanos, auxiliares y seguridad). Podemos ver en el desarrollo de los acontecimientos todos los ingredientes que definen la huelga, intactos: la asamblea, el cese coordinado del trabajo, la acción colectiva, la solidaridad, las reclamaciones y movilizaciones asociadas.

A lo largo de la historia, las huelgas se han seguido realizando con continuidad, cada una de ellas según los contextos sociales y económicos existentes de cada momento. Aunque sin duda el estallido de su uso se produce como consecuencia de la extensión del capitalismo industrial por todo el planeta, los mecanismos del núcleo del funcionamiento de la huelga son muy parecidos siempre. Se trata de una alteración absoluta del orden de clases existentes en cualquiera de los regímenes políticos que la hayan vivido. La clase social subyugada rompe el papel de obediencia que se supone que debe seguir y realiza un acto de rebeldía conjunto, paralizando la actividad productiva para conseguir que quien tiene el poder ceda en sus posiciones. A veces en pequeños objetivos, en otras ocasiones reivindicando otros más ambiciosos o, también, escalando la huelga al nivel político o revolucionario para derrocar al régimen por completo.

El poder dirigente reacciona ante este desafío como lo hace ante cualquier otro elemento disruptor de su dominio: combatiéndolo. Esta reacción no tiene por qué ser necesariamente sanguinaria y abiertamente represiva, aunque en muchos momentos lo ha sido y lo es, pero siempre se produce una reacción, sea hace 3.100 años o hace dos minutos en cualquiera de las huelgas del planeta. Ningún gobierno, ninguna institución, ninguna empresa acepta las huelgas con *fair play y normalidad democrática.* Estamos ante una enmienda a la totalidad: de la autoridad interna y decisiones del empresario sobre su plantilla, del conflicto de intereses de la oligarquía por una mayor plusvalía y extensión de las lógicas capitalistas a todas las actividades económicas, de la capacidad del poder político de mantener el orden social y leyes injustas. La huelga, temporalmente, altera todo eso.

Ese poder puede manifestarse de forma más o menos espontánea, pero para que sea efectivo necesita de una organización previa en una estructura permanente: el sindicato.

Más allá de disquisiciones intelectuales o ideológicas relativas a las organizaciones obreras y su utilidad, hay una característica común en la militancia más activa de los sindicatos: *lo llevan en la sangre*. A menudo son personas que están en la trinchera hasta su jubilación y más allá, han hecho o harán sacrificios de tipo personal de forma rutinaria y es común que hayan pagado un peaje en su esfera cercana por ello, sufrido discriminación o respuestas represivas de distinto tipo. También, desgraciadamente, esa implicación la sufren las y los compañeros con los que se comparte vida. Cuando hay que estar meses preparando campañas, están ahí. Cuando hay que poner el cuerpo en un piquete o manifestaciones, están ahí; también para mantener locales día a día, pero especialmente cuando tienes un problema, nunca fallan, siempre a tu lado.

El sindicalismo sin ese ingrediente de pasión por la lucha se transforma en simple burocracia y se acerca más a contextos de gestoría que de contrapoder a la apisonadora empresarial y capitalista. Sin dientes, el sindicato es un gatito maullando en un rincón.

La experiencia y conocimientos de estas personas son descomunales. No solo en lo que se refiere a procedimientos legales, orgánicos o generales, sino especialmente por ese olfato que tienen para indicarte los mejores caminos, los mejores consejos para conseguir algo tan complicado como que el supuestamente poderoso hinque las rodillas ante los supuestamente débiles. No es nada sencillo, ya que convocar huelgas lo hace cualquiera. Ganarlas es otra cosa, un aprendizaje por el que debes vivir el fracaso para poder levantarte y volverlo a intentar.

Si queremos mejorar ese proceso de formación buscando material publicado, el resultado es bastante descorazonador. La mayoría de contenidos sindicales podrían estar fácilmente en el apartado de historia, especialmente en el caso español en los periodos de los *glory days* de la CNT previos a 1939 o el repunte obrero del tardofranquismo y transición, con alguna parada en huelgas míticas. En cuanto a trabajos más actuales, con excepciones, son mayoritariamente miradas desde el terreno de la sociología, conceptos académicos del mundo laboral o la última moda semántica de la que pocos se acuerden dos años después. A menudo, algunos de estos recopilatorios, que analizan el sindicalismo desde fuera del sindicalismo, hacen contener una sonrisa al no resistir comparación alguna con la realidad que vivimos y sufrimos en los centros de trabajo.

¿Dónde está recopilado, entonces, el conocimiento de la militancia sindical más activa, sus trucos, sus consejos, sus mejores tácticas y estrategias? La respuesta está clara: en las cabezas de la militancia sindical, forjada mediante la experiencia y el apoyo de personas que han vivido luchas similares. En el sindicato, al menos en los que considero más cercanos, se produce cada año un caldo con un chup chup de ingredientes que hacen posible tanto la transmisión del conocimiento como de nuevas ideas. Las personas que se incorporan añaden a la olla nuevas perspectivas y energías; aquellas con más experiencia van dejando caer sus conocimientos, unas veces mediante formación, pero la mayoría desde el contacto directo. Otras personas añaden las capacidades y aportaciones que puedan. De ese caldo bebemos toda la militancia y es la base del funcionamiento sindical interno. Funciona. Pero no es suficiente.

Es evidente la pérdida de centralidad del sindicalismo en la sociedad, la práctica ausencia de debates o análisis puramente sindicales es solo un síntoma de ello. Volver a esa presencia tangible es una reflexión interna de cada organización y no será sencillo de realizar, pero tiene que pasar necesariamente por mayor fuerza, mayor lucha, mayor influencia. Seguir el carril general actual no va a suponer cambio alguno, debemos seguir probando cosas nuevas y con ambición decidida, siempre más.

Suele confundirse la ausencia en medios de comunicación, debates sociales o siempre escasa militancia con obsolescencia o irrelevancia real. No es cierto. En el Estado español, millones de personas están afiliadas a sindicatos, decenas de millones conocen de primera mano la acción de secciones sindicales en su empresa y también participan de los conflictos generados: en el periodo de 2020 a 2024 ha habido 3.257 huelgas, con más de 1.070.000 huelguistas que han realizado más de 3.300.000 jornadas de huelga. Seguro que son números muy mejorables, pero también es indudable el impacto de primer orden que tiene, de forma directa e indirecta, debido a los efectos secundarios de los conflictos sindicales en el día a día de la sociedad.

Parte del trabajo militante es ayudar a otras personas para que, en la medida de lo posible, no tengan que reinventar la rueda, que sus imprescindibles procesos de aprendizaje mediante la acción sean rápidos. Lanzar diez, veinte, treinta ideas y que de ese total dos o tres puedan inspirarles una línea de actuación para un caso concreto de su sección sindical o conflicto real. De todas y todos es conocido que en los sindicatos el día a día nos consume. Tras una batalla se sucede otra, incluso las que claramente ganamos no podemos explotarlas como correspondería debido a que literalmente no tenemos tiempo para ello; hay otros conflictos o trabajos esperando.

Los y las sindicalistas tenemos que intentar sacar el debate sindical fuera de los sindicatos, con temáticas actuales, compartiendo conocimientos mutuamente y devolviendo los libros (no necesariamente físicos, no necesariamente libros) a la sección de actualidad. Protagonizados desde dentro y ordenando ese increíble conocimiento y calidad humana que tenemos en nuestras organizaciones.

En las próximas páginas intentaré ordenar algo de ese conocimiento colectivo que tantas personas han podido transmitirnos a otras, así como conclusiones ante experiencias más o menos directas del desarrollo de la mejor arma sindical de la clase obrera: la huelga. Puede que a las sindicalistas experimentadas le sirva alguna idea, estén en contra de otras o no les aporte nada nuevo en absoluto. En todo caso, espero que pueda ser de utilidad práctica para quemar más rápidamente etapas en los y las compañeras jóvenes que se están iniciando en la lucha sindical, inacabable mientras no desaparezca la explotación del hombre por el hombre. No contemplaré el potencial revolucionario que tiene el movimiento obrero, única forma de imponer un mundo nuevo que sustituya a esta cruel degeneración del capitalismo, por un par de razones. La primera es por ser un capítulo demasiado ambicioso como para ser abordado aquí. La segunda es porque, a menudo, hablar reiteradamente de la revolución, cuando las condiciones están tan lejos, sirve para darse golpes en el pecho, pero no para construir desde el fango los cimientos que la harán posible.

CAPÍTULO 1

HUELGA ES PRESIÓN

Antes de sumergirnos en aspectos concretos, es muy importante comprender las poderosas fuerzas y dinámicas que hay detrás del simple acto de convocar una huelga. Olvidémonos por un momento de su preparación, de la propaganda, de la evolución, de las estrategias, de las respuestas de la empresa, de las asambleas... visualicemos que todo eso mágicamente se ha realizado ya y estamos ante una huelga en movimiento frente a la empresa o una administración.

La clase trabajadora tenemos interiorizado el poder de la huelga, casi instintivamente somos conscientes de su fuerza y del daño que puede generar sobre el contrario, pero a menudo esa percepción nos puede llevar a elevar a los altares su nombre, a imbuirla de una especie de misticismo por el que simplemente invocándola *pasarán cosas.* Puede ser común que en secciones sindicales creadas hace poco o que se enfrenten a su primer conflicto relevante se cometa ese error, sintetizado en expresiones como "les vamos a montar una huelga, ahora se enterarán". Para que luego, una vez realizada, no haya pasado nada. ¿Por qué? ¿Qué ha fallado?

La clave de la huelga consiste en olvidarse de su nombre y sustituirlo por el de presión. Huelga es presión. También coacción si se desea, no hay que rechazar las palabras por una posible connotación negativa. El sindicalismo, y las secciones sindicales en su caso más directo, usan la presión en sus negociaciones de forma rutinaria y normal, con resultados siempre modestos, porque quien manda no tiene una especial predisposición a ceder parte de sus beneficios (directa o indirectamente vía condiciones laborales) a su fuerza de trabajo. Es lógico y tenemos que entenderlo para poder anticipar movimientos y los límites que existan para una cierta cantidad de agobio realizada; cuanto más comprendamos a quién tenemos delante, mejor aplicaremos la fuerza.

La huelga es la mejor herramienta para ejercer estrés y presión sindical sobre empresas y gobiernos. Somos capaces de crear una burbuja de energía muy potente, ya veremos cómo. ¿Pero qué hacemos con esa energía? Antes de usarla debemos valorar dónde colocar el artefacto para optimizar su acción. Siguiendo la metáfora, si hacemos explotar un petardo en un descampado, sus efectos se limitan a luz y un fuerte sonido que puede ser espectacular en el momento, pero poco más. Repitamos la prueba colocándolo dentro de una lata o cerrando la mano sobre él. La cantidad de energía liberada (movilización de la plantilla en forma de huelga) es exactamente la misma, pero los efectos no tienen nada que ver. Hay que preparar y desarrollar la huelga donde mayor sea el daño que pueda producir: no hay que hacerlas a medio gas si queremos tener una ventana de victoria.

Cuando planifiquemos una huelga deberemos tener claro los momentos y formas en que se genere la mayor perturbación posible, así como mantenerla el tiempo suficiente con el objetivo de agobiar a la otra parte hasta vencer su resistencia. Momentos del mes, turnos, sostenibilidad de la lucha, gestión de las negociaciones, tiempo aproximado de la campaña y pasos posteriores. Cada empresa o administración tiene unos puntos débiles diferentes, por lo que, aunque en un caso haya funcionado alguna iniciativa, no tiene por qué hacerlo en el siguiente.

Hay que tener en cuenta también que, a no ser que se sea explícitamente consciente de querer ese modelo, las huelgas simbólicas no valen para nada que no sea lanzar un aviso de algo más duro que llegue con posterioridad. No puede entenderse la huelga como un simple acto de protesta *para que nos escuchen.* Porque nadie escucha a las de abajo, nadie. Ni en manifestaciones, ni en concentraciones, ni en huelgas. Solo la evaluación de que sea la antesala de problemas futuros o daños económicos, electorales o reputacionales concretos permite acercar posiciones. Quien quiera pulsar el botón de la huelga debe tener presente estas reglas: si tus movilizaciones son irrelevantes, sus efectos también lo serán; si los efectos son nulos, ¿por qué tendría que ceder la parte contraria en nada?

Es cuando despojamos a la huelga de su capa mágica, de rituales épicos intrascendentes o movimientos sin sentido, que empezamos a pensar en términos más amplios. Si ganamos mediante el control de la potencia hasta generar una presión insostenible, ¿por qué deberíamos limitar esta a los efectos de la simple huelga? Aquí se nos abre un campo de opciones, de armas, de golpes diferentes. Comenzamos a vislumbrar la huelga como un elemento más del conflicto, una burbuja energética que puede ser central, pero no única. Si sumamos más burbujas colaterales de agobio a esa pieza principal, obtendremos que la cantidad de presión introducida en el sistema será superior, lo cual implica que nuestras opciones de victoria crecerán sustancialmente. Esos puntos débiles donde juntar leña y crear fuegos secundarios dependerán mucho de contextos locales, económicos, producción o personales. En una empresa de servicios podría ser, por ejemplo, una campaña de hostigamiento a sus principales clientes. En una PYME, desgastar la proyección social y reputacional del empresario en su zona de confort personal. En un servicio dependiente de una administración, actuar en las sedes del partido político responsable, empapelar la ciudad, recurrir a las redes sociales, generar un problema de tipo social y visible. En definitiva, desgastar sus expectativas electorales. En cada conflicto, la baraja de medidas a realizar varía y son las personas que participan las que mejor conocen las vulnerabilidades del oponente. Como en las puertas del infierno, *abandonad toda esperanza:* si no participas en un conflicto con disposición a usar todo el catálogo de opciones de ataque a tu alcance, estás peleando con una mano atada a la espalda y lo más probable es que recibas una paliza.

Sobre el papel puede sonar muy obvio que para ganar un pulso basado en traspasar el punto de ruptura empresarial que tolera una cierta presión simplemente hay que añadir más fuerza hasta que se rompa. Pero nada sale gratis y, para que eso sea posible, debe valorarse también la capacidad real de mantener diversos frentes abiertos simultáneamente. Las energías son limitadas y que pocas personas se dediquen a muchas tareas solo puede garantizar que no se ejecuten con la intensidad necesaria, o que acaben exhaustas y quemadas durante el resto del proceso de lucha. La solución a este problema es simple, aunque añade mayor complejidad a la vez: de la misma forma que para incrementar la presión de la huelga introducimos nuevos elementos de coacción, para poder dar respaldo a la ejecución de esta estrategia en acciones tácticas concretas y realizables deben aportarse, también, más brazos y cerebros al conflicto; es decir, los grupos de apoyo a huelgas. El núcleo de la lucha suele estar sobrepasado por la propia dinámica no solo de la huelga en sí, sino de los diferentes aspectos internos como comunicación, moral, negociación, asambleas, etc. Una entrada de personas de refresco permite abrir el abanico de posibilidades en muchos ámbitos desde la logística, cartelería, cajas de resistencia, tareas presenciales diversas o acciones que abarquen la publicidad negativa, el boicot o de otro tipo. Preferentemente, estas estructuras difusas deben contar con presencia de personas con experiencia del sindicato que, durante el tiempo del conflicto, se dediquen principalmente a este, así como con apoyos mayores para la puesta en práctica de iniciativas. Es un paso más adelante del clásico "estamos aquí para lo que necesitéis, compañeros" hacia posiciones más activas y permanentes del día a día. La norma principal es siempre que todo movimiento, propuesta o iniciativa debe contar con el acuerdo de las personas en lucha. Como es evidente, la comunicación entre el grupo de apoyo y las huelguistas debe ser fluida y prácticamente *online*. Estos grupos *insertados* de tipo sindical son perfectamente compatibles con otros a nivel más territorial o social según las afinidades existentes.

Cerramos de esta forma el círculo: para tener más opciones de ganar hay que generar mayor presión secundaria que la simple huelga. Para poder sostener estas nuevas presiones y necesidades se incorporan más reservas externas que las hagan posible.

Centrándonos ahora en la fuerza que realiza la propia huelga por sí misma, un mito a desmontar es el del seguimiento. Nos han instalado en la cabeza que lo que define el éxito o fracaso de una huelga es el porcentaje de participantes, en medios de comunicación, mediante la manipulación de datos o las preguntas "¿cómo ha ido?" y "¿quién ha ganado?". Así, la fuerza de la huelga se quiere trasladar de su real mecanismo (la capacidad insoportable de generar presión) a "¿cuántos han hecho huelga?". Como si estuviéramos ante un marcador electrónico de un partido de baloncesto, 62-38, 27-73, etc. Supongamos indiscutible un gran seguimiento del 80% en una huelga de varios días. ¡Bien!, hemos "ganado", *tendrán que escucharnos*. En realidad, no funciona así; si la huelga masiva no tiene unos efectos concretos en forma de problemas o presión sobre los puntos débiles de la empresa o administración, no nos *escucharán*, no importa cuántas personas la hayan seguido. Por el contrario, un seguimiento irregular pero elevado en departamentos clave puede crear las suficientes interrupciones, problemas y pérdidas (no necesariamente económicas) como para conseguir parcial o totalmente los objetivos.

Por supuesto, deberemos dedicar buena parte de las acciones preparatorias enfocadas en que el seguimiento sea el más elevado posible, evitando esquirolaje interno o externo, pero ¡ojo! Es muy reconfortante estar en una concentración junto a toda tu gente, pero no es eso lo que define que la huelga haya sido un éxito dentro de la estrategia global de agobio. La pregunta o evaluación posterior debería ser: ¿están sufriendo?, ¿qué impactos está habiendo? Es ahí donde podremos tener una visión más cercana de lo molestos que podemos llegar a ser. Ninguna empresa o administración reconocerá públicamente que una movilización le está haciendo daño, como es lógico. Si así lo hiciera, se estaría tirando piedras en su propio tejado al iluminarnos con un foco precisamente el lugar donde tenemos que insistir. Por lo tanto, siempre mentirá o disimulará. Es importante obtener información filtrada o recopilada de la mayor calidad posible para saber en qué punto estamos, dónde reiterar y dónde redoblar esfuerzos. No es este un asunto menor, dentro de las diferentes economías que hay en un conflicto, una de ellas, como hemos visto anteriormente, es la capacidad humana disponible: la situación no permite desperdiciar esfuerzos. Si observamos que una de las líneas de desgaste que se plantearon inicialmente como objetivo no está teniendo resultados, no hay que dudar: lo mejor es que sea abandonada o reducida al mínimo para poder apretar más allí donde vemos que se está visibilizando una de las claves de la lucha.

SI ERES PREVISIBLE, ERES NEUTRALIZABLE

Un concepto que hay que tener siempre presente cuando estemos en la fase preparatoria de una huelga es el de romper con nuestra previsibilidad. Así como el sindicato estudia y analiza a la empresa, ella hace lo mismo con nosotros. Si mantenemos un conflicto estático pasamos a ser previsibles y, por lo tanto, vulnerables ante una respuesta de la empresa. Si golpeamos reiteradamente en la cara, quizás poner las manos es suficiente para que no importe el tiempo que estemos haciéndolo o para que el momento en que la empresa levante la bandera blanca sea más lejano. Debemos hacer cambios mediante una valoración realista y pasar a esquemas de conflictos móviles: abrir nuevas líneas de presión que golpeen el hígado, el brazo, el costado para introducir incertidumbre en nuestra capacidad de presión y hacerla más compleja y agobiante. No hay nada que moleste más a una empresa que la inseguridad respecto lo que pueden hacer o no quienes tiene enfrente.

Cuando una huelga es previsible, entonces es más fácil que sea neutralizable o controlable. Debemos ponernos siempre en la cabeza de quien tenemos enfrente para anticipar sus movimientos. Imaginemos un conflicto cualquiera en una empresa cualquiera. El departamento de Recursos Humanos (RR HH) conoce perfectamente las filias y fobias internas en los sindicatos, quiénes están más cerca, a cuáles manipular y quiénes no cederán jamás. Para cada uno de ellos tiene una línea de actuación diferente. Así, como nosotros trazamos un plan, cuando el conflicto es inevitable ellos hacen lo mismo. Se realiza una previsión de qué tipo de huelga podemos hacer, qué puntos débiles tenemos y hasta dónde llegaremos. Si una empresa espera que hagamos un día de huelga, una concentración y unos comunicados cañeros y convocamos un día de huelga, hacemos una concentración y subimos el lenguaje y dureza, seremos aficionados en manos de profesionales. Habrá las medidas de contención adecuadas y nuestra huelga será una más dentro del catálogo de escenificaciones teatrales sindicales: haremos como que luchamos para ganar, pero perderemos. Hacer una huelga no es seguir un guion, sino ponerla dentro de una estrategia ganadora.

Por el contrario, no hay nada más bonito que ver cómo todo su plan salta por los aires, que sus previsiones se derrumban porque actuamos con acciones inesperadas y sorpresivas. Es entonces cuando entran en una fase de nerviosismo y dudas, pierden el control de la situación y pasan a desconocer qué puede suceder mañana, cuánto tiempo aguantaremos o dónde se abrirá otro foco de presión. La representación empresarial entra en una fase de estrés deseando que acabe este dolor de cabeza, el paso previo para la búsqueda de soluciones reales. La iniciativa pasa a ser del lado sindical, que debe ser ágil para seguir añadiendo modificaciones en su plan de presión aprovechando las oportunidades que se presenten.

En las primeras huelgas a protagonizar como militantes es importante no pasar por alto que una empresa o gobierno no se queda nunca de brazos cruzados. La huelga no es unidireccional en el sentido de que sea solo una parte la que ejerce un movimiento hacia adelante, siempre habrá respuestas preparadas para empujarte hacia atrás e ignorar ese hecho implica debilitar la estrategia de lucha. No solo hay que tenerlas en cuenta, sino que hay que preverlas y tener valoradas contramedidas contra ellas. Una empresa potenciará el miedo entre la plantilla, activará a sus sindicatos amarillos para socavar la movilización, acumulará *stocks*, preparará medidas de contingencia para resistir el embate y tomará acciones de tipo psicológico para hundir la moral colectiva, siendo la más habitual proyectar que son inmutables e invencibles (mentira muy repetida y falsa, ya que todas tienen un punto de ruptura). En otras ocasiones pondrá en marcha medidas legales, en otras se las saltará sabiendo que es impune casi siempre.

Hay una pregunta muy sencilla que podemos hacernos: ¿la forma en que vamos a movilizarnos y presionar es previsible y soportable por la empresa? Si la respuesta es sí, entonces tenemos un problema.

A VECES APRETAR ES RESISTIR

Las victorias relevantes no se consiguen con una jornada de huelga, sino con medidas más contundentes. Se necesita una estimación tanto del tiempo que durará el choque como de la intensidad de fuerza necesaria para vencer la oposición patronal. Hay que evitar caer en la tentación de que la simple acumulación de tiempo sea el factor determinante de un conflicto, es decir, apostarlo todo al "se acabarán cansando", porque lo más probable es que no sea así. A menudo, las empresas o administraciones no es que no puedan acordar, es que no quieren. Después de una gran lucha, si la empresa cede sabe perfectamente que no es la reivindicación actual lo que está dando, sino que está sembrando también las semillas de reivindicaciones futuras al demostrar a la plantilla que si lucha, funciona. Y a la inversa: si se impone extiende un mensaje derrotista que le sirve de vacuna durante unos años.

Por lo tanto, para que se alcancen los objetivos iniciales el pulso debe ser tan insoportable que, aunque no quiera, acabe firmando. Y para ello, la mejor estrategia es seguir estrujándose la cabeza para subir las apuestas mediante la introducción de más presión, más dura y por lugares que no se espere, prestando atención a oportunidades que se presenten durante el conflicto. Acumular días sin más está bien, pero indica que no se sabe qué más hacer.

Aun así debemos tener en cuenta que el tiempo en huelga, en lucha, en movilización, es un factor clave. A veces la resolución del conflicto está tan cerca como, literalmente, aguantar unas horas más. Si desistes en esos momentos cruciales no hay recompensa, pero si continúas un poco más recibes la llamada definitiva de la empresa, administración o mediadores aceptando un buen acuerdo. Muchas de las personas que militan en sindicatos conocen casos en que se ha ganado por un último empujón del último segundo, pero también de otros en que aunque se veía claramente que la victoria era inminente, la plantilla dijo hasta "aquí hemos llegado" y se perdió la oportunidad. Para poder alargar ese eje del tiempo hasta más allá del punto de ruptura hay dos principales elementos sobre los que actuar: cajas de resistencia y la moral colectiva.

Cuando una persona, una familia, sostiene un esfuerzo prolongado existe una afectación directa a su economía y subsistencia. La empresa cuenta con ello y mantiene sus esperanzas en que acabe provocando la vuelta al trabajo de la plantilla. Podemos contrarrestarlo mediante la creación de una caja de resistencia para dar soporte a ese conflicto, permitiendo que este pueda extenderse más días o semanas hasta comprobar si se puede vencer el pulso a la empresa. Existen cajas a nivel de sindicatos o sectores dentro de estos, pero debemos tener siempre en cuenta que en el caso de ser muchos participantes las cantidades que se han de abonar se disparan, así que las personas en conflicto deberán valorar cómo priorizar los recursos disponibles para maximizar su uso.

La caja de resistencia debe situarse como una herramienta más al servicio de la victoria, no simplemente de la huelga por sí misma. El matiz es importante porque sostener una movilización que no tenga ninguna posibilidad de alcanzar sus objetivos es solo retrasar el momento de la retirada, desangrando económicamente al sindicato en el proceso y afectando a luchas futuras. Hay que tener en cuenta, por otro lado, que la definición de éxito no es necesariamente la del empresario hincando la rodilla en el suelo, pidiendo perdón y firmando con su sangre nuestra mejora significativa de condiciones. Podría ser algo tan diferente como haberle generado el máximo de sufrimiento, por encima de sus previsiones y, aunque no se traduzca en un acuerdo, es algo que más adelante puede propiciar que acepte una negociación más equilibrada con tal de no volver a pasar por ello. Eso es también ganar. Unas huelgas convocadas en solitario, con escaso seguimiento, ¿son un fracaso si se convierten en el escalón imprescindible para que la sigan otras masivas y contundentes? A veces una primera huelga puede ser ganadora, pero en otras se enmarca dentro de un contexto de romper el hielo para un crecimiento posterior.

Derrota o victoria es algo tan flexible como cualquier hito que, de forma consciente y realista, toma la plantilla como el escenario deseado. Ahora bien, si una vez desarrollado todo el potencial de huelga, de acciones auxiliares, de extensión solidaria, de resistencia de la plantilla, se entiende como imposible el objetivo buscado, mantener artificialmente la huelga para simplemente añadir días no tiene mucho sentido. Esta evaluación no es nada sencilla, hay siempre mucha presión ambiental asociada. Las personas tocadas anímicamente apretarán siempre para poner punto y final en varios momentos del proceso, las más decididas por seguir adelante. Siendo evidente que la palanca de toda mejora es la propia lucha, la actitud debe priorizar la persistencia al abandono a las primeras de cambios. Pero es también cierto que hay momentos en que si no encontramos un cambio significativo en la batalla hay que valorar otras opciones.

Dentro del colectivo en huelga se necesitará un grupo de personas que asuma tareas de la caja de resistencia. Por motivos obvios, las secciones sindicales acostumbran a estar muy justas de fuerzas, por lo que es recomendable buscar ayuda externa para la logística de extensión activa de ingresos de la caja, sea principalmente desde el sindicato o desde colectivos solidarios. En huelgas largas es necesario que el dinero de las cajas de resistencia fluya con agilidad, las personas tienen que pagar facturas y todo retraso es negativo para la movilización, se debe prestar atención a los momentos de pago.

El otro pilar de una huelga larga es la moral. Cuando está alta no importan las dificultades, la plantilla golpea como un bloque compacto, de forma decidida, embistiendo una y otra vez la puerta y asumiendo los costes de todo tipo como necesarios. Es típico que al inicio de toda movilización estemos, si no en el punto máximo de moral, muy cerca. Pero conforme pasan los días es común que se inicie una curva descendente que pone en peligro la consistencia de esa temible fuerza conjunta, especialmente si no llegan buenos *inputs* de la negociación. Una vez empiezan las dudas, no tardan en seguirlas los primeros abandonos, reduciendo el impacto progresivamente: esto es exactamente lo que espera y por lo que trabaja el empresario o administración. Si conseguimos evitarlo, tendremos dos mejoras rápidas en la gestión del conflicto. Por un lado, generaremos esa imprevisibilidad a la que nos referíamos antes, creando incertidumbre, alterando las expectativas que tenía la patronal y metiéndola directamente en un pantano donde el suelo no es tan firme como creía. Empezará a preguntarse el deseado "¿cuándo pararán?". La otra mejora es evidente, si seguimos enviando más agua a la presa que la que está evacuando, al final rebasará. Más presión, más tiempo.

Es normal que nuestra atención se centre en el contrario, en las mil tareas que hay que hacer para apretarle, la logística, la negociación, las nuevas ideas de fuerza y tantos etcéteras; se necesita haber vivido un proceso largo para darse cuenta de la vorágine existente durante ese tiempo. Pero, cuidado: hay que mirarnos a nosotras mismas también, a la plantilla, el sector y las personas individualmente. Debemos cuidarnos, apoyarnos y detectar qué problemas pueden estar creciendo para atajarlos antes de que sea demasiado tarde. Contamos con muchos elementos que están presentes en la mayoría de luchas aborales y que nos ayudarán en esta tarea. El primero de ellos es la camaradería, el compañerismo. Se multiplica en muchos órdenes de magnitud en situación de conflicto, se fortalecen lazos personales y se crean nuevos entre personas que unos días antes se saludaban con un simple movimiento de cabeza al ir a por un café. Participar conjuntamente en una lucha intensa es una fuerza poderosa que une al colectivo como nunca antes. Aprovechemos esa corriente natural e intensifiquemos todo aquello que lo facilite.

Es muy importante el contacto personal, hacer huelga y quedarse en casa da para pocos días de seguimiento. El calendario de implicación y convivencia debe ser lo más amplio posible según las circunstancias y contextos del colectivo. Asambleas con la mayor periodicidad posible, concentraciones, piquetes, espacios permanentes bien abastecidos donde encontrarse, decisiones colectivas permanentes, aunque sea sobre elementos pequeños del día a día, distribución y participación en tareas de todo tipo. El acto de comer conjuntamente, hablar en corrillos, animarse y cuidarse mutuamente es un cemento que resiste el desgaste. Se debe favorecer, impulsar y facilitar este tipo de actividades conjuntas de convivencia en la lucha. A esta dinámica se le suma otra característica común entre la mayoría de huelguistas como una cierta radicalización o firmeza durante la participación en un calendario de huelgas. Se avanza más en términos de conciencia al involucrarse en un conflicto que con 100 comunicados, eternos debates en la hora de comer o la justicia de las reivindicaciones reclamadas. En términos de moral, hay que aprovechar y fortalecer estas corrientes de fondo que, de forma natural, se presentarán en nuestra huelga. Salir en medios de comunicación influye positivamente en el ánimo de la plantilla, aunque nuestra empresa no tenga una especial sensibilidad a la propaganda negativa. Hay que buscar activamente esa presencia y divulgarla ampliamente entre las huelguistas, ya que actúa como elemento cohesionador.

Más que realizar un listado exhaustivo de cómo mantener y elevar la moral, es importante que seamos conscientes de su importancia, evolución y posibles causas para actuar con mente abierta y proactiva. No hay que olvidar ser realistas en las comunicaciones, no propagar expectativas altas a corto plazo en la siguiente reunión, las siguientes cuarenta y ocho horas, porque cuando no se cumplen el efecto es aún peor. Las asambleas de trabajadoras no pueden ser espacios de exposición del grupo negociador, toda decisión tomada colectivamente fortalece al colectivo. La visibilización del conflicto en medios de comunicación, las cajas de resistencia, las muestras de solidaridad recibidas (también buscadas activamente), los espacios creados de convivencia durante las jornadas... Todo ello tiene un componente psicosocial que nos hace fuertes.

Por otro lado, existen también fuerzas que empujan para minar la disposición de las huelguistas en mantenerse en la lucha.

Típicamente, estaríamos hablando de las acciones de patronal, sindicatos colaboracionistas y quintacolumnistas que trabajan por los intereses empresariales. Respecto a estos últimos hay que distinguir entre dos perfiles principales. Primero están los esquiroles de segunda, que sea por miedo o por medrar no siguen la huelga. Prefieren mantener un rol de perfil bajo, con interminables excusas pero intentando pasar desapercibidos. Tienen un papel bastante neutro en lo que respecta a trabajar contra la moral colectiva. Luego están los esquiroles pata negra, una mezcla de mandos intermedios que creen heredarán la empresa, que se dejan el alma para que la huelga fracase, así como personas trabajadoras que rechazarán siempre toda movilización. Son auténticas fuerzas de la reacción, los tíos Tom que existen en casi toda empresa, serviles con el poder y chivatos a jornada completa.

Todo esto debe seguirse con atención, porque donde nosotros soplaremos en las brasas de la moral otros echarán agua fría con su antídoto: el derrotismo. Aunque es lógico y normal que existan dudas en algún momento en el colectivo de huelguistas, el trabajo consciente por el fracaso de una huelga no puede ser simplemente contemplado, sino neutralizado y combatido como un elemento más que incide sobre el desarrollo de nuestro conflicto. No es nada sencillo, ya que donde una sección sindical colaboracionista puede emitir diferentes comunicados con medias verdades o mentiras, por nuestra parte deberemos tener en cuenta cómo afrontarlas sin que cambie el foco del objetivo principal. Entrar en un cruce de discusiones sindicales puede llegar a ser contraproducente.

CAPÍTULO 2

EL CAMINO DE LA HUELGA

Lo primero y fundamental que se debe tener claro es que no hay dos huelgas iguales y que aquellas de naturaleza defensiva tienen numerosas diferencias con las que se desarrollan a la ofensiva para alcanzar nuevos derechos. Por lo tanto, aunque muchos elementos son comunes, siempre será bastante relativo lo que a continuación se detalla. Nos detendremos especialmente en la evolución de aquellas que son de tipo ofensivo. Hay un déficit de conflictos de este tipo, aunque son los que ofrecen mayor garantía de victoria y permiten que sea la fuerza sindical la que arrincone a la patronal para la consecución de un determinado objetivo. Quien en ese tipo de conflictos pone el tablero de ajedrez en la mesa para iniciar la partida es el sindicato: juega blancas y hace el primer movimiento, lo que condiciona su desarrollo, al menos inicialmente. A regañadientes, la patronal no tiene otra opción que aceptar la partida y empezar a construir su defensa. La primera batalla será por el control del centro del tablero, y si lo conseguimos nosotros la empresa se irá defendiendo, agobiada y como pueda, de las diferentes cargas que desplegaremos, una a una o sincronizadamente. Pero si es al contrario y no somos capaces de sorprender y llevar la iniciativa, su posición será bastante cómoda y firme, sin que veamos la fractura en su defensa.

Los tres grandes hitos en una huelga son el tiempo de preparación y planificación, el desarrollo propio del mecanismo de presión-huelga y, finalmente, la concreción de esa fuerza mediante la negociación y un acuerdo escrito. Porque queremos mejoras tangibles, papeles con firmas, compromisos y obligaciones. En definitiva, derechos para una vida que merezca la pena ser vivida.

LA DEFINICIÓN DE OBJETIVOS Y EL CONTEXTO LOCAL

Es de Perogrullo, pero casi toda huelga es un medio para conseguir unas medidas concretas, unos derechos o su defensa. Y es "casi", y no todas, porque a veces también las hay que se generan como un simple ejercicio del derecho de protesta, por enfados puntuales que no buscan realmente alcanzar una reivindicación concreta o material que pueda plasmarse en un papel. Ese tipo de movilizaciones quedarían fuera de una planificación convencional basada en la recogida de frutos *a posteriori*.

Lo primero que debe determinarse son los objetivos a alcanzar. Aunque se ha de tener en cuenta que una plantilla suele estar dispuesta a movilizarse por muchas razones, una de las principales es que la entidad de lo reivindicado sea lo suficientemente relevante como para luchar por ello. Ojo, aquí suele haber una confusión entre lo que a una sección sindical le parezca importante y lo que al resto de la plantilla, en ese momento concreto, también. Puede que haya una distancia salvable entre ambas posiciones, en cuyo caso es obligación del sindicato trabajar para que se produzca el acercamiento mediante sensibilización, comunicación y debates. Si la distancia es muy elevada, es mejor trabajar por un mejor escenario a medio plazo.

Es aquí cuando se produce la mayor parte de abandonos en los intentos de desplegar un conflicto. La sección sindical detecta unos objetivos deseables que podrían iniciar la movilización, esa reivindicación es valorada positivamente por la mayoría de la plantilla, pero no se dan los pasos necesarios. Porque "es que la gente, aunque le parezcan positivos los objetivos, no se moverá". En estos casos suele perderse de vista que la predisposición de una plantilla a la movilización no es una foto fija, sino el fotograma de una película en movimiento. Cuanto más se empodere mediante mayor participación, información y organización de las reivindicaciones concretas, más se va moviendo la escena inicial hasta la que permite lanzar el preaviso de huelga. Eso no sucede espontáneamente; sindicato es organización, es decir, que no se puede permanecer sentados hasta que el ambiente sea perfecto. La fe en el espontaneísmo es cuanto menos ilusoria y cuanto más una simple excusa para no dedicar los esfuerzos necesarios. Es el sindicato quien tiene la capacidad de producir cambios hacia escenarios favorables.

En definitiva, es como un pez que se muerde la cola. No existe ambiente de huelga antes de trabajar por un ambiente de huelga, y como no hay ambiente de huelga antes de trabajar por ello, se interpreta que no es viable. Tremendo error.

Superada esa fase de posible incredulidad en la realización de una presión efectiva, lo primero que ha de tenerse en cuenta es el frente interno, con principal atención al proceso de empoderamiento de los y las trabajadoras, pero también si existen opciones reales de alianzas que puedan construirse con otros sindicatos, así como con cuáles no solo será imposible, sino que se prevé una postura reaccionaria contra la huelga. A estos últimos hay que tratarlos como un elemento más del conglomerado empresarial: harán lo posible por socavar su seguimiento de forma más o menos activa. Como tal, deben analizarse opciones para neutralizar o, al menos, reducir su influencia con medidas concretas y realizables. Una de ellas podría ser su aislamiento e identificación general como facilitadores de los intereses empresariales con el fin de desacreditar sus acciones antimovilizadoras. Pero, a la vez, sin perder excesivo tiempo en estériles batallas que desvíen el foco principal.

En cuanto al nivel de implicación de sindicatos que puedan participar en la movilización, hay que realizar estimaciones tanto de su nivel de firmeza como de posibles deserciones más adelante, cuando la temperatura suba bastantes grados. Ofrecer la mano, pero sin ingenuidad. La convocatoria de huelga, por ejemplo, es mejor que la realice el sindicato que tenga mayor firmeza para evitar que se desconvoque antes de tiempo. En este sentido, existe también la posibilidad de realizar convocatorias legales solapadas para que, en caso de que el sindicato más moderado se baje y desconvoque, siga activa una de ellas para que la asamblea pueda decidir realmente sobre su continuidad o no sin ser prisionera de nadie.

Finalmente, pudiera ocurrir que ninguna otra sección sindical quiera participar en el proceso. Se ha de tomar como un elemento más del paisaje para poder valorar si hay capacidad suficiente como para poder generar un movimiento en solitario. Si es así, pedal a fondo.

En relación con la creación o incremento del ambiente de huelga, hay muchas opciones sobre la mesa y debe ser a nivel local, con el conocimiento que tiene el sindicato, donde se tiene que apostar por unas y descartar otras. El proceso de sensibilización y preparación debe construirse con el pilar principal de una buena comunicación, pero siempre con el carril paralelo de asambleas generales, encuestas y procesos decisorios, que serán los cimientos de la fuerza que se desplegará más adelante. Es importante resaltar que el principal mecanismo de movilización no es el de la simple "mejora", sino el de la percepción de una alta injusticia padecida que se convierte en insoportable. Para cualquiera de los objetivos de una huelga, es importante centrarse en la connotación de agravio e injusticia de cada uno de ellos en contraste con las ganancias o comportamiento de propietarios y mandos empresariales. La sensación de injusticia y negatividad es mucho más movilizadora que propuestas únicamente en clave positiva: será la madera seca que permita la extensión de la chispa. Por ejemplo, si queremos un incremento salarial es mucho más motivador poner el foco en la pérdida de poder adquisitivo sufrida que en una cantidad a obtener, pero descontextualizada.

EL PLAN

La realización de una huelga sin un plan previo que enumere los puntos vitales y cree líneas de actuación concreta de presión para cada uno de ellos es un atajo para que no funcione. Las reacciones potentes, improvisadas y semiespontáneas motivadas por estallidos de indignación pueden ser exitosas, cierto, pero lo serán por un cierto desencadenamiento casual de fuerzas que no podemos controlar. Es la diferencia entre lanzar un cuchillo con los ojos vendados o diseñar cuándo y dónde usar el bisturí para optimizar el alcance del corte. Ambas opciones pueden dar en el punto adecuado, pero solo una de ellas empezará con mayores posibilidades, como consecuencia de haber puesto la máquina organizativa en una de las mejores combinaciones posibles.

En definitiva, hace falta una estrategia general y unas tácticas concretas para cada elemento identificado. Hay varias cuestiones a tener en cuenta para la preparación de un plan estratégico general.

ANÁLISIS DE LOS PUNTOS DÉBILES DE LA PATRONAL

Las huelgas no se hacen a medio gas si se quiere tener opciones de victoria. Ocurre de forma similar a cuando inflamos un globo progresivamente con aire que, cuando la presión interna es excesiva para la capacidad de resistencia que ofrecen las paredes, colapsa y cede a la fuerza acumulada. Si, por el contrario, nos autocontenemos por razones varias y no vamos a modelos de movilización que generen daño real, el globo quedará a medio inflar y no pasará absolutamente nada.

Hay que golpear donde duela, asumir el impacto sobre la empresa y las represalias posteriores o la estigmatización por sindicatos cercanos a la empresa. Una huelga es un proceso de alta tensión que produce un fuerte desgaste en todas las partes, se cobra peajes personales, familiares o sindicales y, siendo conscientes de ello, debemos hacer que valga la pena. Iniciamos un conflicto con espíritu de victoria y para ganar hay que ir con todo. Solo cuando la otra parte escucha ruidos en las paredes del globo es cuando se abre la verdadera negociación, no antes.

Cada empresa es un mundo y los que mejor la conocen son las secciones sindicales que están trabajando allí. Dependiendo del contexto habrá que optar por un bloqueo de la producción, presión directa sobre clientes a quienes se da servicio o directamente sobre los responsables políticos del área o servicio subcontratado.

En ocasiones hay personas clave que quieren gozar de cierto prestigio social mientras hacen daño a su plantilla; esa imagen es un objetivo al que golpear. Parones en fechas clave, acciones sobre instalaciones de una compañía... Las posibilidades son casi infinitas. Es muy importante hacer una lista concreta de todo aquello que sabemos que "les duele" y trazar líneas de acción sobre lo más relevante. También es recomendable explicar la situación en el sindicato para recibir nuevas ideas que puedan usarse.

Volviendo a la metáfora del globo, no apostemos todas nuestras cartas a una jugada —la huelga—. No importa de dónde provenga el aire que insuflamos, lo relevante es que sea el máximo posible y, para ello, se tienen que crear tácticas concretas sobre cada uno de los puntos detectados. La huelga es el movimiento principal, pero todo suma a la fuerza general; nunca es suficiente simplemente no yendo a trabajar.

ANÁLISIS DE NUESTROS PUNTOS DÉBILES Y PLANES DE ACCIÓN

En la sucesión de jugadas que hay entre los huelguistas y la patronal, se atacan y defienden los puntos débiles de unos y otros. Podemos haber seleccionado bien dónde realizar los actos de presión y la mejor forma de hacerlo, pero si doblamos el brazo antes de que lo haga la empresa no habrá servido para mucho. El principal problema que hay que tener en cuenta es la capacidad de resistencia propia y cómo defenderla e incrementarla durante el proceso de movilización, especialmente en lo que hace referencia a la moral de lucha. Con moral, las dificultades pueden ser sostenidas en el tiempo, pero si decae las horas de la huelga están contadas.

Un aspecto que no se debe pasar por alto es que cuando miramos al abismo este nos devuelve la mirada. Gracias al tiempo que la sección sindical está implantada, crece y negocia con RR HH tiene un mayor conocimiento de los procesos productivos internos, contradicciones o aspectos personales de los interlocutores de los que sacar ventaja futura. Pero eso sucede también a la inversa. La empresa cala no solo el carácter de cada sección sindical, también de las personas más implicadas, los problemas de relación entre las diversas secciones, cómo sacarles provecho, etc.

Es decir, empresas, patronales o gobiernos también nos acaban conociendo. Realizan estimaciones de nuestra capacidad de respuesta, previsión del tipo de movilización que haremos y durante cuánto tiempo e intensidad. Resumiendo: nos radiografían para poder preparar planes de contingencia ante la lucha que va a iniciarse con el objetivo de neutralizarla o ponerse en modo a prueba de fallos hasta que se abandone la reivindicación.

Es necesario anticiparse a esas intenciones. Si no se tiene en cuenta que el contrario se está preparando exactamente para lo que vamos a hacer, pasamos a ser previsibles, neutralizables y controlables. Un conflicto convencional bajo esos parámetros tiene todas las de perder a no ser que la contundencia sea tan elevada que ni tomando precauciones pueda la empresa contener el tsunami. Esto último no pasa a menudo. Si una empresa comprueba que, efectivamente, la huelga está siguiendo el camino A, B, C y D previsto, se siente confortable en su desarrollo y lo trata como un problema empresarial más a gestionar.

Por el contrario, no hay nada que odien más unos negociadores patronales que quedar descolocados y arrancados de su planificación para entrar en una zona de incertidumbre donde haya más preguntas que respuestas. Para que eso suceda debemos, evidentemente, primero subir el nivel en cada una de las acciones que realicemos, empezando por la primera: la propia convocatoria de huelga, favoreciendo que sea de una magnitud superior a la esperada. Desde ese punto, la imaginación y una capacidad operativa a la altura han de abrir frentes secundarios de presión sobre aquellos elementos sensibles que detectamos al principio, con la mayor sorpresa posible y efectividad. A la vez que preparamos formas de presión, debemos tener en cuenta si el contrario ya imagina alguno de ellos. Entonces, deberemos hacer modificaciones sobre esos aspectos o generar iniciativas sorpresa para descolocar su posición defensiva.

Aquí se produce una interesante paradoja. Podría parecer que cuando una plantilla aguerrida, que ya haya demostrado en el pasado reciente una fuerte capacidad de movilización, inicia una huelga o lucha parte en mejores condiciones que otra más "novata". Y puede ser así, especialmente en cuanto a capacidad demostrada de volver a realizar otra con intensidad. Ahora bien, el colectivo de trabajadoras que afronta su primer gran conflicto tiene en sus manos una carta que ya está casi quemada en el otro caso: el uso del elemento sorpresa para descolocar al oponente. Cuando el Metro de Barcelona o Madrid dice que va a la huelga, las respectivas administraciones saben perfectamente que vienen curvas y que afrontarán un problema social, no solo sindical, de primer orden. Pero si han decidido seguir en la partida, moverles va a costar una lucha más dura que las anteriores porque ya saben la que se les viene encima y han calculado que pueden soportarlo. No es nada sencillo subir el listón un centímetro más cuando está alto.

Por el contrario, una empresa mediana de lavanderías industriales, que nunca ha tenido una sola jornada de huelga, entra en pánico cuando reciben una notificación de huelga indefinida. Podríamos decir que las debilidades y fortalezas se intercambian dependiendo de la fuerza demostrada por la plantilla recientemente. Las que lo han demostrado, pueden jugar en las negociaciones previas la carta de la amenaza, o incluso farol, a su favor porque la empresa o administración sabe perfectamente que es creíble. Por el contrario, una amenaza de quien no ha actuado nunca antes con firmeza no será tenida seriamente en cuenta hasta que lo haga. Pero cuando se inicia la huelga las tornas se invierten, y llegado el momento de la verdad será muy difícil innovar respecto de las expectativas de la empresa cuando la plantilla se ha movilizado recientemente. Este será el punto fuerte de aquella que afronta su primera gran lucha: la empresa, no lo olvidemos, también es novata resistiendo. Siempre hay pros y contras en cualquier escenario, aprovechemos las ventajas de unos y minimicemos los inconvenientes.

Otro de los flancos que debemos prever cuidar es el de la sostenibilidad propia del conflicto. Si estamos ante una huelga larga, iniciemos los pasos para la constitución de una caja de resistencia junto con personal encargado de las tareas de ingresos a ella. Los efectos de una caja de resistencia van más allá de la contención del daño económico sobre los huelguistas, es también un mecanismo que alimenta la moral general. La solidaridad recibida, el comprobar que hay detalles de todo tipo preparados, proporciona seguridad a las huelguistas.

Es necesario tener un plan, pero no hay que seguirlo a rajatabla. Los conflictos evolucionan y debemos adaptarnos a ello; puede que haya cosas que nos parecieran muy relevantes en un inicio pero luego no lo sean tanto, mientras que en otras ocasiones se abren ventanas de oportunidad imprevistas donde ir con todas nuestras fuerzas. Debemos ser muy flexibles y espabilados para olfatear y seguir esos rastros. Pongamos un ejemplo concreto: los 26 días de huelga de Acrylicos Vallejo, una empresa de fabricación de pinturas. Inicialmente, los objetivos del plan de la huelga eran bastante clásicos: una interrupción o caos logístico que afecte a las entregas a clientes. Pero se daba la circunstancia de que esa empresa era también la principal marca de decoración de figuras de plomo conocidas como Warhammers, con una amplia comunidad internacional y redes sociales propias que se retroalimentaban con trucos, noticias etc. Y empezaron a llegar menciones vía redes sociales desde EE UU, Alemania y Japón informativas de la huelga, de momento como simples notas curiosas relativas a una marca reconocida.

Desde el sindicato, se tiró de esos ganchos y se informó a los diversos *influencers* internacionales que contactaban con más datos sobre la huelga, solicitándoles apoyo y solidaridad. Un par de días después estaba montada una campaña de boicot simultánea en varios países con millones de mensajes y visualizaciones en Instagram, YouTube y Twitter. Acrylicos Vallejo cedió en todas y cada una de las reivindicaciones de las huelguistas.

Hay que prestar atención a los márgenes del conflicto, porque es ahí donde se encuentran estas opciones. En un comentario aparentemente sin importancia, una frase en una noticia, una conversación entre huelguistas donde se habla de una anécdota, una filtración… Si en tu huelga hay un Warhammer involucrado, bien puede ser una de las claves principales para la resolución del conflicto.

LA ACELERACIÓN

En una dinámica de huelga ofensiva tenemos una herramienta decisiva: el control de los tiempos. Gracias a ello podemos marcar con una X la mejor fecha de inicio posible y pensar cómo aproximarnos a ese momento. El empuje de la primera jornada ha de ser contundente, con el máximo de capacidad, de moral, de unión de la plantilla, siguiendo un camino previo *in crescendo* a todos los niveles donde el punto culminante es el inicio de huelga. La comunicación, las acciones previas, la fase prenegociadora, las asambleas... Todo debe ponerse bajo esa consigna de una mayor intensidad cada día que pase, lo cual supondrá un derroche de energías por parte del sindicato para llegar en la mejor de las condiciones posibles. Todo movimiento debe tener una razón detrás en ese sentido. Cuando es así, el efecto es multiplicador, no un simple sumatorio de fogonazos.

Decía Salvador Seguí que las huelgas no se convocan, se ganan. Jamás hay que limitarse a cumplir con el expediente. Llegar casi exhaustos al día antes significa que la huelga empezará con el máximo de poder que hemos sido capaces de generar.

Respecto a posibles conflictos con sindicatos amarillos, se deben desactivar las principales dudas que generen en la plantilla, pero es recomendable no perder un tiempo excesivo, ya que entonces hay riesgo de perder el rumbo del vehículo hacia carreteras que no van a ninguna aparte. A partir de cierto momento puede ser aconsejable ignorarles por completo mediante una acumulación de iniciativas y acciones que les pasen por encima.

In crescendo, persistencia en sentimientos de injusticia, convergencia de los esfuerzos y focalización en el Día D como desencadenador de toda la energía.

Podría detallarse alguna de las mejores prácticas para seguir ese camino, pero no hay mejor escuela que la propia experiencia y brega acumuladas en la sección o sindicato. Lo realmente importante es tener presente esa forma de acción global y observar el campo abierto como las casi infinitas opciones que hay para construir a partir de ahí.

EL DESARROLLO DE LA HUELGA

Una vez el fuego está encendido, hay dos tareas principales a realizar. Por un lado, no limitarse a mantener su intensidad, sino actuar para que sea más potente —eso quiere decir dinámicas móviles y no estáticas—, y por otro lado, preparar una negociación basada en la existencia de esa fuerza y el daño que está causando. No hay que tener prisa, si es lo bastante intensa acabará abriéndose una negociación real. Si nuestra empresa es de recogida de residuos, necesitaremos esperar a la creación del problema social mediante la acumulación de basura; si trabajamos en una empresa prestadora de servicios, será cuando los clientes llamen amenazando con rescisiones de contrato; si es de manufacturación o alimentación, cuando los *stocks* se acaben o sean bloqueados. Hay que ser pacientes y trabajar por el momento adecuado.

Sin duda, en este *impasse* hay un elemento que es nuclear para que el edificio se sostenga: la moral colectiva, como hemos descrito anteriormente.

PIQUETES, PIQUETES, PIQUETES

El piquete es una estructura clásica del movimiento obrero y su objetivo es defender la huelga. Cuando se produce un pulso no hay posiciones neutrales y eso genera tensiones antes, durante y después de la esta. Son muy comunes las experiencias de personas que mantenían una buena relación y nunca volvió a ser la misma después de una huelga importante debido a las decisiones y actitud tomadas por cada una, se trata de un periodo que admite pocos grises. Es cierto también que la coacción empresarial, las presiones directas, el miedo o aislamiento causan que las personas vayan a trabajar contra su voluntad. Para ellos el piquete es muy positivo, sea como excusa o como último *input* que te hace decidir el apoyo, superando todas las dudas. Sea como fuere, una huelga es un acto muy serio y los huelguistas en la puerta lo certifican.

A pesar de que el sistema legal del Estado español pretende reducir el piquete a meros repartidores de *flyers* con una sonrisa de buenos días, su existencia y articulación es la base misma de la lucha obrera autogestionada. Es mucho más que un grupo de personas frente a una entrada con unas banderas, megáfonos y silbatos. La unión directa entre compañeras y compañeros, compartiendo momentos de reivindicación conjunta, de forma comprometida, crea y fortalece las relaciones humanas hasta un punto que es difícil de describir con palabras. El piquete es también moral para la propia huelga, una dinámica que se retroalimenta y que hace cambiar a personas hacia posiciones que no se hubieran imaginado solo unos días antes.

El piquete es también el punto de encuentro de información del conflicto, de asambleas de huelguistas para tomar decisiones y de convivencia, especialmente aquellos que se mantienen de forma permanente con una cierta estructura de alimentación o turnos. El piquete decide autónomamente las acciones que quiere realizar y es muy importante que esas decisiones sean respetadas con cabeza y apoyo mutuo. Es por ello que es negativa la presencia de alcohol en un piquete: puede haber momentos de tensión y es contrario a las decisiones colectivas que una posible acción sea dispuesta por las cervezas que alguien haya tomado.

El piquete debe generar respeto y vergüenza para cualquiera que intente cruzarlo. Las últimas personas que dudan en secundar o no una huelga necesitan ver ese bloque de compañeros y compañeras para acabar de decidirse. Otras veces es usado como excusa individual ante mandos intermedios para justificar el no entrar cuando el miedo todavía es fuerte. Debemos estar atentas a estas personas, acompañarlas e integrarlas en el grupo más decidido y de la mejor forma posible. Cuanto más fuerte sean las relaciones y cuidados, más fuerte será el seguimiento de la huelga. No perdemos porque todo el mundo no sea del sector más implicado, sino cuando se descuelgue el que lo es menos. Es importante ser conscientes de ese flanco.

Hay sectores en los que carece de sentido el piquete físico debido a la fragmentación del trabajo productivo, el teletrabajo o situaciones análogas. En ese caso, el concepto de piquete que impide el paso a una fábrica puede sustituirse por la concentración de trabajadoras que crean un problema a la empresa, ya sea dañando su imagen, actuando frente a clientes que sí tengan presencia física, etc. Un piquete es la huelga en movimiento, pensemos dónde puede hacer más daño y sabremos dónde tiene que estar.

ASAMBLEAS, ACCIONES Y LOGÍSTICA

El piquete es un buen punto de encuentro para socializar internamente el conflicto y adoptar decisiones conjuntas. Desde ahí se pueden abrir acciones de presión, las que se decidan entre todos, y solo con ese límite, así como información y participación directa en el conflicto, sin intermediarios. Esa implicación colectiva facilitará un soporte comunitario que permitirá que el embate sea más poderoso y duradero. Es seguro que se necesitará también de personas que organicen necesidades logísticas, desde las materiales —carpas, bebidas, comida—o de mínima infraestructura hasta otras que ayuden en concentraciones, manifestaciones, etc. —pancartas, *spray*, carteles, pirotecnia, repartos—. Para todo esto, el sindicato debe estar *enchufado,* receptivo, con comunicación ágil y apoyo concreto. Si los huelguistas piden algo, se les tiene que aportar lo antes posible.

Cuando no exista un espacio permanente presencial se debe tener en cuenta y coordinar lugares físicos de encuentro para la toma de decisiones, preferentemente aprovechando escenarios de presión y habitualmente en forma de concentración o manifestación. Las redes sociales internas pueden ser útiles, como grupos o canales de WhatsApp territoriales creados para un determinado conflicto, pero tengamos siempre presente la norma de que todo lo que se diga ahí le va a llegar a la empresa. Que ello no sea motivo para bloquear esa forma de comunicarse, pero sí para ser conscientes que no solo no es un espacio seguro, sino que al quedar todo por escrito puede ser utilizado contra la propia huelga. Un ejemplo de esto lo tenemos cuando, durante la huelga indefinida de técnicos de Movistar, se filtraron mensajes de Whatsapp al diario *El Mundo* donde se mostraba la organización de sabotajes a líneas de fibra óptica. El objetivo era criminalizar a la plantilla con amenazas penales para reducir el impacto de la lucha, pero también desviar los problemas de conexión que tenían decenas de miles de usuarios hacia la plantilla y no hacia la propia empresa y así disminuir la presión existente. En general, en cualquier conflicto hay que dar por sentado que toda comunicación propagada de forma extensa es tan confidencial como enviársela directamente por *e-mail* a RR HH.

Toda información que llegue a la asamblea debe ser honesta y asertiva, potenciando el carácter optimista y firme, pero sin generar falsas expectativas. Una plantilla que tiene asumido que se necesita un tiempo para generar las condiciones de presión necesarias no se pondrá nerviosa porque pasen días sin *inputs* positivos. En otras situaciones del conflicto puede que sea necesario subir un par de velocidades; se tiene que debatir sobre la necesidad de ello, los porqués que hay detrás de cada opción para que el debate sea conjunto y asimilar las conclusiones.

COMUNICACIÓN

Las notas de prensa no sirven para nada. Las sindicales, por la pérdida de centralidad social en general, aún menos.

Las redacciones reciben diariamente decenas o centenares de notas de prensa: a nadie le importa la tuya, especialmente si es un conflicto sindical más, sin elementos sensacionalistas asociados que llamen la atención. ¿Por qué se sigue enfocando la comunicación en un conflicto, con excepciones, como la creación y envío de notas de prensa? Es uno de los misterios de este siglo, probablemente motivado por la repetición mecánica de lo que se ha hecho siempre, aunque casi nunca funcione. Únicamente si una huelga es mediática es cuando, a veces, los medios prestan atención a una nota sindical, nunca a la inversa. Podemos hacernos un hueco a codazos mediante contactos personales de periodistas y la nota puede servirnos como elemento de referencia, pero los simples envíos de comunicaciones en frío tienen una probabilidad de publicación que tiende a cero.

Cuando estamos en una lucha sindical, se debe cambiar el chip en materia comunicativa. No se trata de “explicar a un tercero nuestra posición”, sino de poner la comunicación como un arma sindical más que no se limita a simples referencias en medios, sino que se dedica al ataque y desgaste del oponente de diferentes formas. Para ello se pueden usar diferentes formatos en las publicaciones, siempre teniendo en cuenta los códigos comunicativos de cada red social. Visuales, cortos y dinámicos en TikTok o Instagram, más elaborados en X, etc. Cuando una empresa, administración o partido político tiene un capital reputacional, se puede golpear mediante campañas en redes sostenidas y persistentes sobre los puntos débiles detectados. No doblegará por sí sola el brazo contrario del pulso, pero sí sumará un plus de fuerza colectiva que dejará a la patronal en peores condiciones. La personalización es importante, tanto de las huelguistas para establecer dinámicas de empatía y solidaridad como de la codicia patronal o del partido político responsable de la administración que es parte del conflicto.

Si las huelguistas explican el problema, planos cortos que identifiquen a las personas, debe ser siempre con subtítulos que permitan seguir el hilo sin activar sonido. Con la otra parte del conflicto de igual manera, siendo más o menos agresivos según si queremos ir soltando amarras de golpe o ir subiendo el nivel poco a poco. De los puntos débiles de la empresa a los del directivo responsable. De la administración, al partido político, y de este al político que tiene en juego su carrera y ambición personal. No siempre es sencillo detectar dónde está el eslabón más débil de la cadena. Unas veces puede ser un cálculo electoral concreto, otras una persona que está más cerca de ceder que otra... Por ello, una opción que se puede valorar es atacarles a todos. De esta forma podremos comprobar dónde empieza a hacer ruido el metal y focalizar ahí la persistencia. Otras veces se puede usar de forma más quirúrgica y etapista.

La comunicación contribuye de forma activa a la burbuja de presión general y tiene que ser integrada como parte del plan de lucha general. No comunicamos, usamos la comunicación para dañar.

Dependiendo de la empresa o sector donde esté en marcha la lucha se tiene que intentar alterar la normalidad pública a todos los niveles que se pueda. Ocupación de calles, tráfico, edificios, acciones legales o no, pero que deriven hacia un modelo de huelga molesta. Por motivos que ya se han detallado anteriormente, pero también porque todo ello es como lanzar cebo en el mar, acabará atrayendo a los medios de comunicación que amplificarán nuestro conflicto. En este sentido, es importante dirigirse a la estructura del sindicato para que, a través de los contactos personales con periodistas, se les pueda ofrecer un menú atractivo. Y eso supone a menudo introducir algunas dosis de espectacularización o cierto dramatismo en el impacto público de la huelga. Sea apropiado o no, es el panorama que tenemos y el peaje que se paga por acceder a medios de comunicación convencionales. Las luchas obreras, por sí mismas, son invisibilizadas y muchas veces no es ni tan siquiera por la existencia de una mano negra, sino por el arrinconamiento social que existe actualmente.

SOCIALIZACIÓN DEL CONFLICTO

Cualquiera que pueda recitar al menos cuatro o cinco huelgas que recuerde por su relevancia verá que suelen acompañarlas un ingrediente muy poderoso: la socialización de la lucha, es decir, la aportación de personas ajenas a la plantilla en huelga o al sindicato convocante que, por distintos motivos, le da un apoyo personal y directo. Cuando esto sucede la huelga cambia totalmente su dinámica: ya no tenemos como sujeto activo a las trabajadoras de tal o cual empresa, sino que la extensión fuera de estos límites abre las opciones hacia otro nivel. Esta socialización permite pinchazos en neumáticos a nivel industrial en Barcelona durante las huelgas por los dos días de descanso en el bus metropolitano o cortes en líneas telefónicas durante la huelga de Movistar, así como la ocupación de su sede central durante semanas. Pero también que en la ciudad de Santa Coloma se bajase caldo caliente al piquete de Cacaolat, que ningún escritor se atreviera a firmar un libro durante la huelga de FNAC en Sant Jordi o que diferentes campañas de boicot se realicen en el interior de supermercados por intereses corporativos por todo el país. Aunque en los años del tardofranquismo y durante las explosiones de huelgas de la década de los setenta su uso era bastante normalizado, no solo no debemos descartarlo hoy porque no sea habitual, sino al contrario: preguntarnos siempre si es posible activar un apoyo externo y de qué tipo.

Por supuesto, la coordinación entre el espacio interior y el externo del conflicto debe ser fluida y sincronizada para evitar que una iniciativa voluntarista genere un efecto no deseado entre las huelguistas o la estrategia general de lucha. Eso no siempre es posible; por ejemplo, si se realiza un llamamiento general al boicot, protesta o a acciones individuales sin mayor lazo que la simple simpatía, ello llevará intrínseco que va a quedar fuera del alcance tanto de huelguistas como de personas cercanas. En esos casos, si se desea dar el paso se debe asumir un cierto descontrol; descontrol que no tiene por qué ser necesariamente negativo por ello, pues a veces es adecuado.

Pero si nos centramos en ayudas más o menos coordinadas con barrios, colectivos o movimientos sociales cercanos, la cuestión es diferente. A diferencia de la coordinación con grupos de apoyo a huelgas del sindicato, el trabajo conjunto con tejido social externo puede ser algo más complicado. El primer obstáculo es que una pelea sindical que busca apoyo tiene unas dinámicas diferentes a las de otras reivindicaciones conjuntas sociales. A menudo se ha de hacer un proceso de explicación de estas diferencias, como que la gestión de la presión se realiza según el ritmo que mejor convenga al objetivo y que pueda sostener la plantilla. Las necesidades cambian de la noche a la mañana y esto puede crear cierta incomprensión. A veces apretamos, otras levantamos el pie del acelerador y otras no conviene abrir un frente, pero unos días después sí y con toda la energía posible... Para quien no esté acostumbrado al mundo sindical puede no entenderse por qué hay que parar justo cuando todo está preparado o por qué no podemos esperar dos días a una reunión, sino actuar ahora mismo. A mayor comunicación entre todas, mejor funcionará.

Aunque no todas las huelgas tienen el potencial amplio de socialización del conflicto, en mayor o menor medida sí puede activarse cierta corriente solidaria en la mayoría, desde los simples mensajes de apoyo en redes sociales hasta la implicación de todo un territorio a una lucha concreta. El efecto recibido por las huelguistas es multiplicador en términos de moral, decisión y resistencia. Cuando la pelea se extiende de forma significativa fuera de los centros de trabajo, la patronal lo percibe en términos de agobio y grandes dificultades, lo que incrementa las opciones de victoria.

No es muy conocido que no todos los tipos de huelgas son legales en el Estado español. Unas de las que están prohibidas son las de solidaridad, aquellas por las que una empresa inicia una huelga con el único motivo de apoyar a la plantilla de otra en lucha. Esta prohibición no es casual, el decreto de huelgas vigente es de marzo de 1977, en plena eclosión obrera y con un especial protagonismo de ese tipo de movilizaciones. La arquitectura del nuevo Estado español capitalista posfranquista no podía tolerarlas por una razón: el contagio que genera la solidaridad en luchas de trabajadoras es muy peligroso e inaceptable por el incremento de fuerza que produce. Eso nos da una pista de qué tenemos que intentar explotar.

Es importante tener siempre presente que el sindicalismo no es un movimiento de protesta o resistencia, sino que establece las pugnas con la clase dominante con el objetivo de vencerla. Para ello, no podemos guardar nada en el arsenal: todo tiene que ser desplegado cuando sea conveniente, sin arrastrar los pies de forma pasiva o con escasa intensidad.

LA VULNERACIÓN DEL DERECHO DE HUELGA

Ninguna empresa, patronal o administración pública se queda de brazos cruzados y pasiva ante una huelga que no sea estética ni irrelevante. Siempre actuará contra ella. No es momento de detallar con precisión los métodos que usa la patronal, pero sí la forma en que debemos afrontarlos desde antes de que se produzca el primer caso, ya que tiene que darse por hecho que siempre será así. Cuanto mayor sea el enfoque colectivo de nuestras decisiones, mejor protegida estará la huelga en asambleas presenciales, activamente en los corrillos de compañeros y compañeras cercanas, trabajando por la extensión de la huelga por parte del máximo de personas posible. No puede aislarse el acto de huelga como un acto de decisión propia, porque no lo es. Quien tiene clara su participación no puede dejarla en el ámbito de lo propio, sino convertirse en un agente activo de la propia huelga. Todo esto debe ser facilitado y explicado activamente en asambleas, reuniones y comunicaciones internas.

No hay que olvidar que las decisiones individuales habitualmente tienen una connotación positiva bajo un punto de vista genérico de libertad, pero deja de serlo cuando un acto pasa de ser neutro a trabajar en contra de los intereses y el esfuerzo colectivo: eso es lo que hace un esquirol. Jamás debe banalizarse la posición de ser huelguista o no como quien decide si hoy le apetece pescado o carne en la comida, una diferencia que tiene que ser comprendida por la plantilla en su totalidad. Las empresas coaccionan, pero los sindicatos presionan también. El conflicto no se reduce solo al *ellos y nosotros,* sino que también genera fricciones y tensiones entre de quienes están convocadas a huelga. Son situaciones normales, aunque puedan ser duras en lo personal. Ir a trabajar no es un acto con implicaciones en lo personal, supone reducir activamente lo colectivo.

Las empresas realizarán planes de contingencia para incrementar por un lado el número de esquiroles, sean internos o externos, y por el otro reducir los efectos de la huelga mediante diferentes formas según cómo funcione el ciclo de producción o realización de servicios a terceros. Ante ambos escenarios deberemos desplegar acción sindical directa para contrarrestrar las contramedidas empresariales. Son casuísticas tan concretas que serán las propias huelguistas las que deberán encontrar las soluciones adecuadas. De esas respuestas dependerá que se reduzcan los días de resistencia máxima que tenga la empresa o administración.

Aunque el frente legal no debería ser nunca el eje de una lucha sindical, sí es una de las cartas que se pueden utilizar. Lo primero a tener en cuenta es que las personas que forman el comité de huelga pueden entrar dentro del centro de trabajo para inspeccionar su actividad y poder detectar incumplimientos de la empresa. Eso incluye cualquier alteración de la actividad habitual motivada por las dificultades que crea la huelga. Por ejemplo no se puede alterar turnos, realizar horas extraordinarias para compensar la afectación de la falta de mano de obra, nuevos premios o pluses, desviar trabajo a otros departamentos o que personas que no realizan una determinada tarea la estén sacando adelante (esquirolaje interno). Tampoco contrataciones temporales durante el periodo de huelga que no se hubieran realizado de no existir esta y situaciones similares.

De todo ello se debe tomar nota y realizar una denuncia en Inspección de Trabajo. De forma muy habitual, no será atendida hasta pasados unos meses, así que es recomendable registrarla presencialmente y exigir hablar con el inspector o inspectora de urgencia para que intervenga inmediatamente. Nadie quiere que se certifique la vulneración cuando el daño ya está hecho, sino que debe cesar lo antes posible para que la presión no se vea afectada. Es probable que se niegue esta actuación porque solo se active la inspección de urgencia ante riesgos inminentes para la salud. En ese caso debe actuar el sindicato y ponerse en contacto con la Jefatura Provincial, añadiendo si es necesario la presión que se considere enfocada hacia la inspección.

Otro aspecto legal que puede ponerse en marcha es la realización de una demanda de tipo penal lo antes posible ante los representantes de la empresa que se signifiquen por la realización de coacciones contra la huelga. También es aconsejable informar de que si se certifica la vulneración del derecho fundamental de huelga se pedirá desde el sindicato que la empresa cumpla la pena asociada, es decir, que no pueda licitar con administraciones públicas durante dos años. El objetivo es, de nuevo, introducir el máximo de presión posible. No se trata solo proteger la huelga, sino también de usar su vulneración para contraatacar desde el ámbito legal.

CAPÍTULO 3

NO ES LO MISMO HACER HUELGA A LA DEFENSIVA QUE A LA OFENSIVA

No es extraño escuchar, leer y ver en espacios sindicales reacios a la lucha de las plantillas que las huelgas son o bien el último recurso o bien una herramienta que se activa ante situaciones dramáticas, agresiones de empresas o gobiernos, despidos o modificaciones de salario y condiciones. Las huelgas como hecho excepcional, limitado a periodos de crisis, reformas laborales negativas o ERES. Por supuesto, esta reducción de la legitimidad de su alcance es totalmente falsa y solo evidencia la posición de quien la formula con relación a la huelga y, en general, sobre conflictos que se abren entre trabajadoras y patronales.

Quienes así se refieren a nuestra mejor arma, sean sindicatos pactistas, medios de comunicación o gobiernos, suelen añadir otras especias a la receta como que las huelgas son muy complicadas, que no se deben activar en contextos de negociación como muestra de buena fe, o exageran sus dificultades mientras reducen sus expectativas de éxito. El uso de la huelga debe ser marginal y de baja intensidad en las pocas ocasiones en que se active.

En todo caso, hay dos escenarios principales que podemos encontrarnos ante una situación de huelga. El desarrollo de cada uno de ellos, aunque pueda parecer similar, en realidad tiene unas dinámicas internas distintas que hay que tener en cuenta para maximizar su fuerza. Esencialmente, la diferenciación se produce entre aquellas que se realizan, por parte de las trabajadoras, en clave defensiva u ofensiva.

HUELGAS DEFENSIVAS

Se trata del tipo de huelgas que el sindicalismo de concertación o medios de comunicación entiende como “lógicas y fundamentadas”. Por norma general, la empresa inicia una agresión sobre la plantilla (despidos, traslados forzosos, reducción de condiciones laborales o de salario, etc.) y esta se defiende activando la movilización mientras se produce una negociación a toda velocidad.

Claramente, la iniciativa corre a cargo de la empresa, que pone contra las cuerdas a sindicatos y trabajadoras. Es ella quien ha decidido el qué, el cuándo y el cómo, mientras la otra parte está a contrapié intentando reaccionar lo antes posible en un entorno a menudo de *shock*. No hay que pasar por alto que la mayoría de estos procesos tienen asociados unos plazos legales extremadamente cortos que van de los 15 a los 30 días desde su inicio. Diversas reformas laborales generaron reducciones tanto de tiempos como de justificaciones legales para llevarlas a cabo, especialmente desde la reforma de 2012. El objetivo es prácticamente destruir la capacidad de oposición de los sindicatos a esas medidas.

Una convocatoria de huelga, para que sea legal, debe comunicarse con al menos cinco días de anticipación en el caso de no afectar a servicios esenciales —o diez en el caso contrario—. En este plazo de preaviso no cuentan ni el día de presentación ni el de inicio de la huelga. Haciendo cuentas ya podemos ver que, aunque reaccionemos de inmediato, nos encontraremos con solo unos pocos días de presión real en el caso de modificaciones sustanciales de condiciones de trabajo (15 días) y unos cuantos más para procesos de ERE o similar (30 días). En los casos de agresiones empresariales y huelgas defensivas, el tiempo de activación es fundamental: empresa y sindicatos pactistas intentarán que la convocatoria se alargue lo máximo posible para que su afectación sea mínima. “Esperemos a ver cómo se desarrollan las negociaciones”. Cuando se inician, estas se convierten en intercambios técnicos que pasan por encima del nudo del problema. Composición de mesas, calendario de trabajo, petición de documentación o cosas similares son las excusas para que pasen los días y así no dar argumentos que hagan inevitable romper la calma o que los movimientos simbólicos de oposición no se conviertan en algo más peligroso. Cuanto más lejos del inicio comience la lucha, mejor para ellos.

Es también habitual que la empresa gestione el desarrollo de la mesa de negociación de una agresión como si del camino de Pulgarcito se tratara. Va dejando un rastro de migas de pan con la intención de que sea seguido, con calculadas cesiones que no son para otra cosa que para desmontar el disfraz que constituía la intención inicial hasta la que era su intención real, pero no revelada. Esas miguitas camufladas como supuestos avances son usadas como excusa para evitar que se vea un bloqueo de negociaciones que no dejará otro camino más que una huelga decidida y contundente. Por supuesto, suele ser una estrategia compartida por posiciones sindicales cercanas a la empresa o por asesores de organizaciones que ya saben de qué va el juego y colaboran en su despliegue. Mientras tanto, los días van pasando.

Por la parte sindical, en esos primeros momentos se produce habitualmente una confusión general, falta de diseño de una estrategia potente, presión para comunicar bien lo que está sucediendo, cómo articular la representación en la mesa, activar el apoyo legal, de asesores, dudas varias... Como puede imaginarse, todo eso impacta en el tiempo de respuesta, que se posterga a más adelante por sobrecarga de tareas y absorción de todo lo que está sucediendo. Después, los distintos asesores aportan opiniones, a menudo diferentes, y sin darnos cuenta ya empiezan las reuniones.

Otro tipo de bloqueo en la toma de decisiones por la movilización es el mito de la unidad sindical por la unidad sindical. En situaciones de dificultad los y las trabajadoras sabemos que estando unidas y respondiendo conjuntamente nuestra fuerza es mayor. Ahora bien, esta idea, que es correcta, puede llegar a tergiversarse cuando coinciden en una misma plantilla planteamientos radicalmente opuestos. Podría coexistir en el bando de las trabajadoras la opinión de dar tiempo a la negociación con la de aquellas personas conscientes de la necesidad de una presión real para condicionar las negociaciones.

¿Cómo puede haber "unidad" en esta contradicción? Habitualmente, por desgracia, el tótem de la unidad sindical se lo apropian las opciones más conservadoras y si aquellas que quieren actuar activan mecanismos de movilización y huelga, serán atacadas bajo la acusación de romper esa unidad, lo cual suele producir división en la plantilla y mayor incertidumbre general.

No hay una receta clara para evitar esta trampa, pero es una buena medida, de hecho, para todo, trasladar siempre las decisiones a la asamblea de trabajadores y trabajadoras, sacándolas de la burbuja de las dinámicas que hay entre los sindicatos presentes en la empresa y apostar sin matices por la movilización en las diferentes exposiciones. Es decir, arrastrar a quien defiende posiciones conservadoras frente a la plantilla para que esta tenga la posibilidad de negarlas.

Veremos en otros apartados que la moral de la plantilla es clave para que se produzca una explosión de energía que condicione las posiciones empresariales. Tenemos que analizar el estado de esa moral y la previsión de su evolución durante un ERE, durante una rebaja de condiciones, durante cualquier agresión que tenga un plazo máximo que corra prisa para la parte de los y las trabajadoras. Simplificando, es habitual encontrarse con el siguiente esquema: se empieza con una mezcla de *shock* y confusión en el que la postura de luchar, como forma de reacción, acostumbra a tener mayores garantías y apoyos en la plantilla, pero a medida que avanza el calendario, si no se ha activado la carta, la confianza en realizar huelga y poder cambiar la situación se va reduciendo, en general por caída de la esperanza y falta de fe en el resultado. A cada día que pasa, se fortalece la lógica del mal menor y se reduce la de retirada total de la medida anunciada. En los últimos días o semanas, más aún si todavía no se ha actuado decididamente, se entra en una dinámica de salvar los muebles, sea incrementando días de indemnización o reduciendo marginalmente la afectación. Finalmente, se ofrece el todo o nada: o la oferta final (seguramente ya prevista *a priori* por la empresa) o el mínimo legal. La plantilla, hundida y resignada, suele apostar por lo primero ante la ausencia de opciones y confianza.

En una huelga a la defensiva el tiempo es clave: hay que coger el toro por los cuernos, enfrentarse a las opciones moderadas y forzar el desencadenamiento de la mayor respuesta, generando el máximo daño posible para poder tener ciertas opciones de éxito. De no ser así, el fracaso está anunciado y se cumplirá por etapas.

HUELGA A LA OFENSIVA

Las características de este tipo de movilizaciones son muy diferentes en lo que hace referencia a estrategia y desarrollo de las mismas. Ya no tenemos un plazo máximo temporal en el conflicto; lo extenderemos en el tiempo y con el formato que mejor se adapte a nuestros intereses de presión- negociación. Eso genera muchos cambios de tipo psicológico en su dinámica interna: las personas al no tener la ansiedad del tiempo, plantean mayor resistencia a acuerdos de mal menor. Es decir, los parámetros de victoria son más ambiciosos y los intentos de las fuerzas de la concertación para finiquitar la lucha son más difíciles de conseguir.

El sindicato controla todos los aspectos del inicio y evolución de las hostilidades. El tiempo de preparación, comunicación, asambleas y *calentamiento* del clima laboral es decidido por la parte de los y las trabajadoras organizadas. Se iniciará la huelga cuando el momento sea óptimo y con la posibilidad de realizar el mayor efecto posible en la producción o servicios (fechas señaladas, grandes encargos o compromisos, coincidencia con procesos electorales políticos, etc.). El plan general diseñado, así como el tiempo para trazar alianzas intersindicales, está también en manos de los sindicatos.

La empresa, por lo tanto, está a contrapié. Observa la preparación inevitable de la tormenta, la acumulación de nubes negras avanzando, y pasa a ser consciente de que su posición debe mutar a atrincherarse, resistir el empuje, preparar rápidamente acciones de contramedidas para evitar en lo posible el daño que se producirá cuando se desencadene el aguacero. Cuando la lluvia aprieta uno puede esperar a que escampe, pero si lo hace por encima de las previsiones entonces el acuerdo es la única salida posible. Hay un último elemento que hace muy interesante para los intereses de la clase trabajadora estos escenarios: la empresa está en un momento de obtención de beneficios, no requiere de ajustes y dispone de un margen que quizás en contextos de ERE no existe. Como organización puede, tranquilamente, ceder hacia las posiciones sindicales.

Reflexionando sobre todo esto, no parece complicado llegar a la conclusión de que nos conviene mucho más, en clave de mayor número de victorias y derechos, plantear conflictos a la ofensiva. Por desgracia, mayoritariamente, no es así. El acomodo al "podríamos estar peor, vamos tirando" es un lastre para que la maquinaria sindical no desencadene el tremendo potencial de mejora de condiciones que tenemos. No se inician más procesos de lucha de este tipo principalmente por inercia y escasa esperanza en poder conseguirlo. Queda fuera del alcance de estas líneas encontrar las causas profundas de esa resignación fatalista, pero es fundamental que aquellas personas que no comparten ese discurso peleen también internamente para superar ese obstáculo mental. No he conocido todavía huelga alguna en la que el resultado buscado esté garantizado de antemano. Ninguna. Todas empiezan con dificultades que se van venciendo progresivamente. Es el sindicato el que altera la realidad, no el que espera a que sea perfecta para poder dar el paso.

Cuando diseñamos el esqueleto de nuestro plan de movilización, tenemos ante nosotros una serie de ventajas que podemos aprovechar. Podemos poner a la empresa a cocer a fuego lento, subir la temperatura al máximo, podemos bajarla, cerrar la tapa o jugar a abrirla para ofrecer una salida cuando lo consideremos. Todas las posibilidades están abiertas cuando es el sindicato quien tiene la iniciativa y marca el ritmo del conflicto. Debemos tener siempre presente que las huelgas a medio gas no sirven para nada y que si queremos tener opciones de éxito siempre hay que ir directos allí donde haga daño y mantener el dedo en la herida mientras se negocia.

Las huelgas ofensivas son las que mayores probabilidades de avance material existen para la clase trabajadora. Por esa razón debemos hacer muchísimas más.

CAPÍTULO 4

EMPRESAS PRIVADAS Y SERVICIOS PÚBLICOS SON DOS MUNDOS DIFERENTES

Las huelgas, como cualquier escenario desarrollado en contextos de conflicto, tienen unas características tan particulares que no hay dos iguales. Aquello que te sirvió en una no tiene sentido en otra o no genera el mismo efecto y, por el contrario, lo que era despreciado como irrelevante es el factor clave que te permite tener ahora una mejor posición en la relación de fuerzas.

El tronco de dinámicas de una huelga o movilización importante es muy similar. Una cierta capacidad de actuación colectiva por parte de trabajadoras en lucha, la aplicación de diferentes estrategias para vencer la fuerza del contrario y un proceso de negociación para acordar el precio de la presión ejercida. De hecho, si se presta una atención superficial a noticias de medios de comunicación o televisiones, parece que todas las huelgas sean casi iguales aunque puedan tener efectos distintos. Pero no es así, el microcosmos de cada una de ellas es muy concreto del contexto donde se desarrollan.

Si continuamos por un momento la metáfora del árbol, tenemos un tronco común, siendo las huelgas concretas como infinitas hojas que parecen iguales a simple vista. Pero si las observamos de cerca podremos ver las diferencias. Anteriormente hemos comentado las diferencias entre los conflictos a la defensiva y a la ofensiva, y dependiendo de si estamos ante uno u otro las hojas que nazcan de cada rama se parecerán más entre sí. A las características principales del tronco se suman otras de secundarias según el camino seguido. Esto es muy importante para poder situarnos correctamente y centrarnos en la tipología de huelga que estamos viviendo: hay que dejar a un lado contextos que no aplican para poder exprimir las mejores iniciativas de los que sí.

Vayamos ahora por otra de las ramas. ¿Se presiona igual en una empresa privada que en un servicio público? Y hablamos de *Servicio Público* y no de *Empresa Pública* porque existe una zona gris llamada "servicio externalizado", donde si bien la relación de la persona trabajadora es con una empresa puramente privada, la prestación del servicio tiene origen en la concesión de una administración. Esas plantillas quedan atrapadas en un bocadillo entre una empresa que se excusa en que la administración no da más recursos y una administración que se encoge de hombros diciendo que "no me vengáis a mí con vuestros problemas internos, que la Ley de Contratación de administraciones públicas, que los presupuestos y hay que ver, qué cosa tan complicada e imposible pedís, etc.". Entonces, ¿a quién y cómo presionar para conseguir tus objetivos?

Tenemos que empezar por el principio para responder a una pregunta así.

Si una huelga, para que sea funcional, debe realizar una presión insoportable suficiente para vencer una resistencia empresarial, el primer punto a tener en cuenta es que esa presión no es la que uno percibe que está realizando, sino la que le parece al contrario. El sindicato puede tener la impresión de estar *liándola pardísima*, pero puede ser que nos estemos limitando a golpear espectacularmente un muro de hormigón; en definitiva, generando una energía y fuerza incorrectamente aplicada que a la empresa o administración no le importe nada más que una molestia gestionada y acotada. Hay muchos ejemplos de huelgas así. Por lo tanto, una vez más, la detección de los puntos débiles y una insistencia despiadada sobre ellos es clave para que nuestra huelga funcione.

Esas zonas débiles son bastante diferentes según actuemos en la empresa privada, en el sector público o en la zona mixta de empresas subcontratadas en servicios públicos. Cómo actuar en las del primer caso está más detallado en otros apartados, aunque podemos citar como puntos débiles clásicos y más comunes la afectación en la producción, daños o expectativas de daño creíbles, de tipo económico, incumplimiento de contratos con terceros y presión a clientes directos.

Pero en una administración pública todo esto es secundario y no se sienten presionadas en absoluto. Sus puntos débiles principales son otros: proyección política personal de los responsables (o el responsable) directos y daño reputacional sobre el partido político responsable. Para poder clavar una cuña no es suficiente con criticar o generar afectaciones, sino que debe crearse un problema social y político lo suficientemente grande como para que queden bajo los focos, con persistencia, como los culpables de una situación no deseada. Magnitud y culpabilidad. Si apretamos poco no les importará, pero aunque lo hagamos, si no son percibidos por la población como los responsables, el resultado será el mismo.

A nuestro favor corre que, como nuestro objetivo son personas, tienen una capacidad de resistencia limitada y una ambición individualista que proteger de escándalos. Eso los hace *sensibles* a pactar si apretamos lo suficiente. Si se ponen la armadura de mártires, entonces deberemos incrementar el desgaste sobre el partido político de forma insistente mientras mantenemos activos los escenarios de huelga, manifestaciones y, en general, toda iniciativa de visibilización posible. Para ello es recomendable que una parte de los huelguistas o sindicato se dedique principalmente al diseño de acciones en este sentido. Nos equivocaríamos si aplicáramos lógicas del sector privado en un conflicto en el público. A un ayuntamiento, que se genere una pérdida económica en venta de billetes motivada por una huelga en un transporte público de 2 millones de euros diarios no le importa en absoluto. Se apunta en contabilidad y mañana será otro día. Si esa administración convence a la población de que los inconvenientes sufridos son debidos a una codicia desmedida de la plantilla, el daño es nulo aunque la afectación sea elevadísima. Aquello que es central en el mundo privado es colateral en el público.

Cuando se entra en conflicto con una administración podríamos encontrarnos ante un escenario paradójico o, a veces, que pueda parecer contradictorio. Nuestro interlocutor es, a la vez, nuestro principal objetivo de ataque. Como puede imaginarse, a nadie le es grato ser crucificado públicamente comprometiendo su ambición política y quemándola en el proceso. Ello puede derivar en un enroque o bunkerización que dificulte la resolución de la lucha al derivar esta a comportamientos más emotivos, chulescos o irracionalmente defensivos. Por lo tanto, debe calibrarse muy bien qué puentes de comunicación vale la pena conservar intactos y cuáles deben ser volados sin miramientos. Podríamos ser muy prudentes y alcanzar cierto grado de interlocución si mantenemos la huelga a medio gas, pero, ¿de qué sirve no desplegar el potencial de presión si esas reuniones no llegan a nada por no haberlo hecho? La disyuntiva entre apretar el pedal o dar algo de aire es uno de los puntos más delicados del proceso de negociación y es importante que la decisión que se tome sea motivada por razones analizadas con calma.

LA OPOSICIÓN POLÍTICA INSTITUCIONAL

Si hemos creado suficiente fuerza en la huelga, tarde o temprano se pondrán en contacto con el sindicato o sección sindical representantes de otras fuerzas políticas, normalmente de la oposición. La primera cuestión que debe tenerse clara es que esos contactos por sí mismos no sirven para nada. Las palabras amables, comprensivas, solidarias o las esperanzas de vehiculación institucional son solo el *pack* tradicional con el que esos representantes tratan los diferentes conflictos obreros. Existe una intencionalidad para crear simpatías, pero principalmente para utilizar la movilización como una forma de desgaste del equipo de gobierno o, incluso, dentro del propio Gobierno. No es nuestra guerra, pero si se abre otra vía de presión puede interesarnos. A río revuelto, ganancia de pescadores.

Así que, si se ha decidido usar estas opciones, debemos enfocar los posibles contactos solo como un frente más de la estrategia general de fuerza hacia el objetivo central. De la misma forma que podemos diseñar una campaña de exposición mediática, podemos activar ruido interno insertado en nuestras tácticas de desgaste hacia personas y partidos responsables del servicio. Para ello hay que tener previsto de antemano qué medidas concretas queremos obtener más allá del guion de lamentarnos de nuestros problemas y ser escuchados por terceros. Por ejemplo, actuaciones públicas, obligar a dar explicaciones al Gobierno y, en definitiva, aquello que sume de forma tangible al globo de presión que estamos inflando sobre los responsables. Siempre concreto y con sentido.

Es importante tener muy presente que el frente político-institucional no solventará ningún conflicto por sí mismo, simplemente es una palanca más del motor que lo hará.

Dentro de estas peleas políticas, en las administraciones hay también que prestar atención a la esfera de influencia de los diferentes grupos mediáticos. Unos pueden estar interesados en participar del desgaste; otros, todo lo contrario, según sus afinidades y esferas de influencia. Buscar canales con los primeros es importante para evitar la invisibilización del conflicto y poder hacer llegar el mensaje que incremente la incomodidad del equipo de gobierno. Los nervios son la antesala del preacuerdo.

LOS SERVICIOS MÍNIMOS

Todo servicio público esencial, bien sea realizado directamente por la administración o bien por una empresa contratista, es susceptible de tener asignados servicios mínimos. Esa opción ha ido degenerando con el tiempo, incrementándolos cada vez más con el objetivo de que las huelgas sean anecdóticas y sin efecto. Deberemos tener todo eso en cuenta, tanto para combatirlos por la vía legal de impugnaciones, como encontrando un plan concreto que genere la presión que necesitamos sobre el equipo de gobierno y responsables. Hay sectores como el de residencias y atención domiciliaria o social que están tan infradimensionados que el propio servicio mínimo es la actividad normal de la contrata debido al elevado ratio existente. Esas dificultades no son razón para no iniciar un conflicto; lo importante siempre es analizar si seremos capaces de poder generar una presión sustancial con un programa de movilizaciones mantenidas en el tiempo. La huelga es siempre el elemento central, pero alrededor de ella todo son opciones abiertas a sumar, siempre enfocando y creando problemas sociales y políticos sobre las personas y partidos responsables.

LAS SUBCONTRATAS DE SERVICIOS PÚBLICOS Y EL LABERINTO DE LO IMPOSIBLE

La huelga está funcionando, la moral y seguimientos son elevados y los daños y afectaciones son evidentes. Llega entonces la fase de negociación en la empresa subcontratada por una administración para obtener firmados nuestros objetivos, sea de forma parcial o total. Pero de repente baja la niebla mientras nos guían por un laberinto burocrático del que no sabemos cómo salir. Parece que hay unos obstáculos técnicos muy complejos que no dejan margen de acción a la empresa aunque ellos quisieran, al menos eso dicen. De esta forma, se nos presenta tan imposible lo que reivindicamos como si quisiéramos parar el ciclo entre el día y la noche o querer volar porque así lo decidió una asamblea.

El objetivo de esta estrategia es que asumamos la inutilidad de nuestra lucha ante la presencia de un monstruo burocrático ajeno a la empresa, o incluso la propia administración, que se materializa en la mesa de negociación marcando sus estrechos límites. Una vez asumido, o se aceptan las reglas de lo posible o se mantiene el conflicto de forma estéril. Para construir esta trampa se suele utilizar el marco legal de la Ley de Contratación del Sector Público en el caso de movilizaciones en empresas privadas prestadoras de servicio, o el techo de gasto público para empresas públicas. En el primer caso se argumenta que está prohibido mejorar las condiciones de prestación del servicio una vez otorgado; en el segundo que los incrementos salariales están topados por un máximo que no puede rebasarse.

Esto no es una táctica exclusiva del Estado español. Hace unos años, en una conversación con un sindicalista argentino del Metro de Buenos Aires (el Subte), este detallaba cómo se encontraron en una situación y límites presupuestarios parecidos. El gran monstruo burocrático hizo acto de presencia. La respuesta de la plantilla en lucha fue muy sencilla: "A nosotros nos dan igual sus problemas, hagan el arreglo que quieran entre ustedes, que nosotros queremos lo que pedimos". Finalmente, el Ayuntamiento encontró esa solución.

Cuando nos cojan de la mano y nos conduzcan al laberinto de lo imposible, deberemos solucionar ese problema mediante una posición sencilla, clara y asertiva. Si hay un embrollo legal, quien está dentro no es la plantilla, sino la empresa, y más vale que encuentre la salida. Hay atajos, incluso en sus propias leyes (uso de la formación o productividad como excusa en empresas públicas, siempre que ambas partes entiendan que será ficticio su cumplimiento) o pasilleo con empresas contratistas mencionando futuras mejoras, nuevos pliegos o extensiones por "nuevas necesidades". En definitiva, es su problema y no el nuestro. No debemos asumir como un límite natural e imposible de modificar esas excusas, sino seguir apretando con fuerza para ampliar nuestros frentes de presión.

Las administraciones públicas, estirando del hilo de los responsables políticos con ambiciones personales, quieren quedar siempre ajenos a este tipo de conflictos como si no tuvieran nada que ver y la responsabilidad sobre un servicio público fuera algo que puede delegarse. Dentro de la estrategia de lucha hay que tener siempre presente que se ha de arrastrar a estos interlocutores a la mesa de negociación para que la solución sea tripartita. Una parte de los recursos de mejora de la plantilla en sus condiciones laborales o salariales deben provenir de la plusvalía de la contrata, pero otra de la administración implicada. Las externalizaciones de servicios no son otra cosa que una forma de obtener partido de la precariedad dejando que un tercero se manche las manos.

Por supuesto, todo lo anterior forma parte de la estructura de una huelga y movilización por un plan de mejora tangible y concreto a corto plazo. Pero en el horizonte de toda lucha sindical no puede haber otro escenario que la desaparición de todas estas empresas parásitas e integrar sus plantillas en el cuerpo de trabajadoras públicas, como fase previa a una mayor autogestión de su funcionamiento directamente por parte de la clase trabajadora.

CAPÍTULO 5

SUPERANDO LOS OBSTÁCULOS DEL TELETRABAJO Y LA ECONOMÍA DE PLATAFORMA

Más allá de teorificaciones generales que describen el porqué de la acción colectiva de los y las trabajadoras, existe un factor determinante que permite desencadenar la respuesta: los lazos sociales u organizativos entre las personas. La injusticia por la injusticia no tiene por qué producir necesariamente nada de forma automática, la solidaridad suele empezar con aquel a quien tienes al lado, con quien compartes problemas del curro, personales, familiares. Con la empatía, el trato y una problemática común que de forma colectiva se afronta. No es de extrañar que en el siglo XIX se mostrara como inevitable la conformación del proletariado como sujeto revolucionario, hijo del capitalismo industrial. La producción necesitaba de acumulaciones de obreros en fábricas, las cíclicas crisis enviaban a la miseria a masas, a las que se les despojó de otro medio de vida, y así el conflicto se desencadenaba con mayor virulencia según las duras condiciones de vida de ese momento. Pero la lucha se abría no solo por la miseria existente, sino impulsada por la existencia del otro ingrediente: personas hacinadas que compartían espacios y socializaban en el trabajo y fuera de él.

Más o menos el núcleo del funcionamiento sigue presente: explotación y acción colectiva, aunque con tantos cambios sociológicos y adaptaciones del capitalismo que no acabaríamos nunca, pero ahí está, desde el sector del metal en Cádiz a la asistencia domiciliaria, la enseñanza o una empresa tecnológica. El explotador (la patronal, la empresa, el Gobierno) y las explotadas (el personal asalariado que confronta agresiones o presiona por mejores condiciones de vida). Ahora bien, ¿quién es el empresario en una *app* donde un algoritmo te envía trabajo a destajo, bajo condiciones contractuales de falso autónomo? ¿Quiénes son tus compañeros y compañeras cuando no tienes contacto con nadie? En entornos donde el teletrabajo se ha extendido de forma exponencial, especialmente desde la pandemia, ¿cómo quedan los lazos personales que son el germen del seguimiento fuerte en una reivindicación?, ¿cómo confiar en Juan, que trabaja desde su casa en otra ciudad, y con quien la única relación que tengo es mediante una conexión a internet?

De la misma forma que la fuerza de la clase trabajadora está en su unión, para poder articular después su acción conjunta, la contraofensiva patronal la ataca mediante el aislamiento de los y las trabajadoras. Primero ideológicamente, sustituyendo su percepción de pertenencia a una clase a cambio de construcciones sin carácter colectivo como la llamada clase media, bombardeando valores individuales, consumiendo, aislando a las personas en burbujas cada vez más pequeñas, sin tiempo, agotadas, comprando por Amazon por no tener fuerzas para más. En el interior de las empresas, auténtica falla entre placas colisionando, se potencia esta individualización por diversos métodos, unas veces buscados y otras no, pero siempre dificultando las relaciones personales que están detrás de la fuerza real de los sindicatos. En estas condiciones de aislamiento, la capacidad de convocar huelgas o movilizaciones está fuertemente condicionada por el menor contacto entre trabajadoras, por la falta de identidad e incluso de formar parte de un mismo colectivo con problemas comunes, por una dispersión atomizada hasta el extremo de interactuar con una aplicación que por no ser ni es física.

Ahora bien, eso no quiere decir que no pueda hacerse nada.

En entornos de teletrabajo, especialmente en empresas donde el trabajo se organiza en equipos, puede reducirse la distancia usando las propias herramientas que utiliza la empresa para que todo salga adelante. Las asambleas de trabajadoras pueden alternarse entre físicas y virtuales, siempre en plataformas independientes de las corporativas que permitan de esta forma generar un espacio donde algunas personas puedan expresar sus problemas y otras perciban que hay más que piensan de forma muy parecida a como piensan ellas mismas. Pueden utilizarse herramientas de chat *online* sistemáticamente, como Teams, para acercarse a cada persona y explicar los problemas que se intentan tratar conjuntamente. Las redes sociales cerradas como grupos o canales de Whatsapp o Telegram son otros espacios donde generar interacciones desde la propia estructura sindical, pero también directamente de trabajadora a trabajadora. Cuanto más se hable, más fuerte es la percepción de pertenencia a un grupo, a un colectivo. El uso de estas tácticas combinadas entre sí ha permitido la realización de varias huelgas por el poder adquisitivo en el sector TIC (Tecnologías de la Información y la Comunicación) y del Estado español en 2024, en entornos con una presencia muy elevada de teletrabajo. Alguna de esas huelgas fue altamente exitosa, como en la consultora DXC, con miles de personas haciendo siete jornadas.

En esa buena experiencia fue clave pensar en los equipos de proyectos como nodos de una red densa. En estos grupos, las personas se conocen más y mantienen relaciones más cercanas, aunque tengan un componente presencial limitado. Las afiliadas al sindicato y personas más proactivas se pueden encargar de reiterar mensajes prohuelga en los grupos de comunicación del propio equipo (Whatsapp del trabajo, videoconferencias de seguimiento, de coordinación). Pasamos del clásico esquema en el que recae buena parte del esfuerzo de comunicación, bastante centralizada, a promover activamente su funcionamiento distribuido. En cada cuenco de manzanas, las que estén afiliadas se encargan de esparcir el virus entre el resto, usando las relaciones de confianza como facilitador en la recepción del mensaje.

Otra campaña exitosa fue la realizada por el sindicato Ver.di en la conocida como Megahuelga, que consiguió paralizar el transporte público y servicios en Alemania en 2023 para exigir mejoras salariales y condiciones laborales. El año anterior se realizó una encuesta relativa a las reivindicaciones donde era opcional indicar el número de teléfono, cosa que hicieron miles de trabajadoras. En los meses posteriores, centenares de voluntarias se repartieron el trabajo de contactar personalmente con cada persona, informando de los planes de lucha y de la necesidad de participar. El resultado fue un seguimiento masivo de la convocatoria.

En definitiva, el teletrabajo es un problema por el alejamiento físico y mental que produce. Ante ello puede asumirse que nada puede hacerse, pero también se puede pensar en cómo contrarrestar esa desconexión utilizando todos los medios técnicos a nuestro alcance, que no son pocos, e integrarlo en la estrategia de lucha como elemento clave y prioritario.

Otra cuestión son los entornos donde la distribución de carga viene determinada por un algoritmo y el trabajador recibe el encargo en situación de aislamiento. Trabaja y se va a casa, solo. Bueno, en realidad no es tan así. Las personas tenemos una naturaleza social y se acaban creando espacios donde los y las trabajadoras se reúnen informalmente, sean *riders* en plazas concretas de ciudades, sean repartidores de Amazon, etc. Suele ser común que, por cómo se recomienda ese trabajo, algunas personas se conozcan previamente. En esa olla están los ingredientes para la acción conjunta. Como en el caso del teletrabajo las redes sociales tecnológicas alternativas a la empresarial son un buen inicio para ir juntando compañeras, cualquiera del sector conoce donde están los principales puntos físicos de reunión donde ir y hacer proselitismo. De ahí a las asambleas y primeras reivindicaciones hay solo un paso, como han demostrado algunas asociaciones de *riders* o sindicatos que están metiendo cuña.

En 2015 hubo una gran huelga y movilización que juntó a falsos autónomos y asalariados de empresas subcontratadas por Telefónica: la huelga de técnicos de Movistar. Supieron superar tanto las suspicacias entre ambas realidades y la distancia generada por diferentes formas contractuales de trabajo como la enorme dispersión existentes. Mediante una estructura de grupos de WhatsApp territoriales que ponían posteriormente en común sus acuerdos, con asambleas físicas periódicas, con reuniones con movimientos sociales y sindicatos afines se pudo poner a una de las mayores multinacionales del Estado español contra las cuerdas. El resultado fue de aquellos que dejan cierta satisfacción, pero también bastante amargura por quedarse a medio camino. Independientemente de eso, se demostró que es posible poner en marcha un colectivo heterogéneo en condiciones objetivas muy difíciles. Cualquiera puede imaginar que no fue resultado de una sucesión espontánea de grandes casualidades, sino de un trabajo consciente previo de muchas personas, con discreción, pero con el objetivo en la mirada.

Finalmente hay que tener en cuenta que una vez salvada la distancia, lo mejor que se pueda, motivada por el teletrabajo o por la hiperfragmentación de la economía de plataforma, es importante apostar por la presencialidad de las acciones y reuniones. Verse las caras en concentraciones, protestas y asambleas es básico para que una huelga que se inicia cogida con pinzas se corporice, enviando tanto un mensaje hacia el oponente como, también, siendo un acto de autoreconocimiento colectivo.

Una huelga en contextos de tanta atomización afronta también otros problemas en cuanto a su efectividad. No es nada sencillo conocer cuándo y cómo la empresa está realizando esquirolaje al no tener centros de producción donde la mano de obra esté localizable. La presión que hace el piquete, tanto hacia esquiroles como hacia la propia empresa, se difumina, igual que también con la propia existencia de la huelga. Estas dificultades se tienen que afrontar de diversas formas, siendo una de ellas las convocatorias físicas de huelguistas, especialmente allí donde pueda generarse una presión real, como una administración o sobre los clientes si se trata de una prestadora de servicios. En este último caso es importante avisar a los diferentes clientes de la existencia de una huelga. Muchas empresas intentan capear los problemas que afectan a los clientes mediante excusas para tapar que son debidos a una huelga. Que un tercero sea consciente de que cuando tenga un problema es debido a una acción de las trabajadoras le creará incertidumbre y nervios que, habitualmente, traspasará a la empresa en conflicto en forma de exigencias y... presión.

Se debe tener previsto el tipo de esquirolaje previamente al inicio de la lucha, estimando cómo actuará la empresa para llevarlo a cabo. Sobre estas actuaciones hay que planificar contramedidas, por ejemplo, prever cómo obtener evidencias de desvío de carga de trabajo para realizar acciones legales rápidas o dirigirse a espacios donde se concentren esquiroles o empresas alternativas para defender la huelga y dificultar el puenteo.

CAPÍTULO 6

CUÁNTO TIEMPO ES NECESARIO PARA GANAR UNA HUELGA INDEFINIDA

A veces las luchas sindicales entran en una fase de enfrentamiento contundente, mantenido de forma indefinida, contra la empresa o patronal con la que está enfrentada. En este tipo de conflictos *no se toman prisioneros,* sino que se busca vencer la capacidad de resistencia del oponente mediante la fuerza bruta sostenida, poniendo toda la carne en el asador, toda la madera en la hoguera y cualquier otro símil que suponga una variación de lo máximo, durante el máximo de tiempo.

Estaríamos hablando de las huelgas indefinidas, pero también de la mezcla de huelgas puntuales con otras acciones de presión sin un límite en el tiempo, como por ejemplo una campaña potente. Las huelgas intentarán cortocircuitar el funcionamiento de la empresa, normalmente causando un fuerte daño económico o de otro tipo, hasta que acepte las reivindicaciones de la plantilla. No suele haber punto medio en este tipo de conflictos, siendo una de las principales razones el hecho de que cuando una empresa escenifica que planta los pies en el suelo, que no va a retroceder ni un centímetro, no solo pone en juego las reivindicaciones concretas, sino su autoridad y credibilidad futura ante la plantilla. "¿Qué será lo siguiente que pedirán si pierdo?". Por la parte sindical, estamos ante la misma disyuntiva: no alcanzar un objetivo por el que la mayoría de una plantilla está en una movilización enconada y larga se podrá llamar de muchas formas, pero la mejor suele ser fracaso.

Contemplemos la imagen: dos personas en una mesa se miran a los ojos, plantan sus brazos y empiezan el pulso con determinación. Aquel que acabe cediendo saldrá debilitado en el futuro. A medida que pasa el tiempo, en la cabeza de cada parte surgen las dudas, "¿Cuánto más aguantará? ¿Le está afectando la presión?". La parte sindicalista intenta escudriñar en la cara del oponente alguna señal de debilitamiento, ya que la plantilla está empezando a inquietarse. Llevan ya unos días, unas semanas, y se plantean si está sirviendo de algo el sacrificio; necesitan recibir buenas noticias para mantener la moral y la fuerza, pero la sindicalista no sabe qué decirles, no ve nada. No llegan *inputs,* la expresión no solo es neutra sino que parece que sonríe. ¿Qué está pasando?

La presión por la necesidad de observar avances a menudo nos hace perder la perspectiva, interiorizando que la dinámica de los conflictos indefinidos es parecida a lo que refleja este gráfico:

GRÁFICO 1

EVOLUCIÓN TEÓRICA DE LA RESISTENCIA PATRONAL EN UNA HUELGA INDEFINIDA

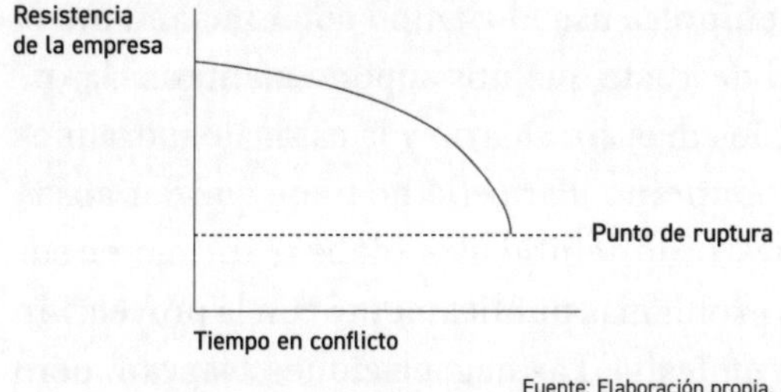

Fuente: Elaboración propia.

Es decir, deseamos que se pudiera ver en tiempo real cómo la empresa va perdiendo resistencia paulatinamente, cómo se muestra nerviosa, suda, produciéndose avances significativos en la negociación hasta, finalmente, llegar al punto que queríamos.

Es un modelo que se adapta perfectamente a nuestras dinámicas, ya que con cada avance comunicado a la plantilla esta se siente más poderosa, comprueba que está funcionando la lucha y puede sostener mejor su resistencia gracias a las buenas noticias y sus efectos en la moral.

Por desgracia, esto no pasa casi nunca. Lo cual es un problema, porque aunque estemos en el camino correcto y la patronal esté sudando sangre con cada día de huelga, su inmovilismo puede resquebrajar el relato sindical y con ello la propia capacidad de la huelga.

Lo que sucede de forma mayoritaria en estos contextos es parecido a esto:

GRÁFICO 2

EVOLUCIÓN HABITUAL DE LA RESISTENCIA PATRONAL EN UNA HUELGA INDEFINIDA

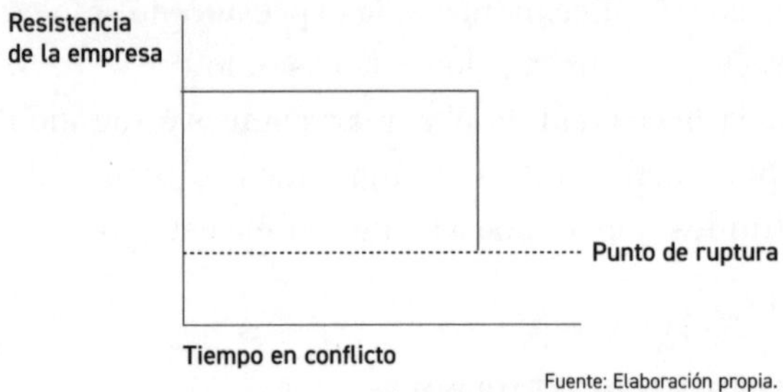

Fuente: Elaboración propia.

Así como nosotros usamos el tiempo esperando que el desgaste haga el resto, la empresa usa el tiempo con exactamente el mismo objetivo: que el desgaste que nos supone mantener la intensidad del conflicto, los días sin salario y la caída de moral nos hagan desistir tarde o temprano. Para ello no tiene que dar absolutamente ninguna muestra de debilidad, se debe reafirmar en sus posiciones, asumir los problemas públicamente con la proyección de que son una simple molestia. Las negociaciones avanzan, pero por el carril de las migajas. ¿Recordamos el famoso "las huelgas no sirven" de los años duros de la crisis? No es más que otra variante de "no podréis mover una montaña de granito", "no hay alternativa" o, directamente, "desistid".

Es importante, entonces, que en la gestión de estos conflictos absolutamente todo el mundo sea consciente de que la montaña es de granito, sí, pero solo hasta el día antes en que se desmorone por completo. No habrá signos externos, sino al contrario, y todo ello debe tenerse en cuenta tanto en la gestión de la moral colectiva como en tener una evaluación real de los efectos de la presión.

¿Entonces solo hay que aguantar y ya está? Pues no necesariamente. Una gota puede desgastar una roca, pero tardar demasiado tiempo. O puede no afectarla en absoluto. Recordemos el caso de Panrico en 2014, donde la plantilla de la planta de Santa Perpètua sostuvo una huelga de ocho meses contra la compañía de forma unánime, causando desaprovisionamiento de sus productos en supermercados catalanes hasta que la sobreproducción de otras plantas del Estado solventó el problema. Y se perdió. Ahora bien, hay otros casos como Cacaolat, que en 2019, con una huelga indefinida y bloqueo de camiones, obligó a la empresa a retirar una medida que suponía una pérdida de condiciones laborales para sus trabajadores. En esa huelga, horas antes de su inicio, la empresa se reía de los negociadores sindicales: "¡Que os vaya bien!", siguiendo el rol de no ofrecer ninguna pista de sus preocupaciones internas. Son casos similares de muchas movilizaciones indefinidas.

No se percibe ningún avance hasta que, un día, de forma rápida, cae todo sin previo aviso.

En 2023 se dio el caso del conflicto en el grupo Inditex. La CGT inició un calendario de huelgas que canalizó un estado de ánimo de profunda injusticia de la plantilla. Era obvio que a cada nueva convocatoria el conflicto y daño en la imagen del grupo se extendía y era preocupante. Ahora bien ¿era suficiente? ¿Qué podían responder los y las compañeras a quienes les preguntaban si estaban en el buen camino, si las huelgas serían útiles, si veían avances o si se reunían con la empresa? Pues poca cosa. Inditex no negoció nunca con la CGT a pesar de que era su presión la que la estaba agobiando. En su lugar, llamó a sus sindicatos de cabecera que iban asintiendo a cada migaja cedida. Un día, en víspera de la siguiente huelga, la empresa aceptó incrementar el salario de la plantilla en órdenes de un 25%, lo que le causó una caída en Bolsa del 5% de sus acciones. Esto ocurrió súbitamente y sin dialogar ni una sola vez con el sindicato en lucha, sin señales.

En un conflicto indefinido, alargar el eje del tiempo no siempre nos dará garantías de victoria, pero a veces por uno o dos días se pierde lo que se estaba a punto de conseguir. Se deben realizar muchos esfuerzos de infiltración, obtención de información desde dentro y evaluación del daño para tener una idea aproximada del punto de ruptura de la empresa. Si estamos alejados, mantener una misma cantidad de presión es literalmente perder el tiempo y desangrarnos sin sentido.

En el caso de Panrico, por ejemplo, es probable que se hubieran necesitado vías alternativas para subir la apuesta a la empresa, desde una socialización de la lucha para abrir vías de daño nuevas a campañas más agresivas contra sus productos y responsables. Si no puedes ganar porque tu fuerza es insuficiente, se debe incorporar más fuerza.

Hay muchos ejemplos de adaptación sindical en un conflicto indefinido, pero hay uno bastante gráfico: la huelga por el convenio colectivo de Metro en Barcelona de 2017 en la que, tras decenas de jornadas de huelga casi unánime, finalmente consiguieron su objetivo, pero ¿cómo? Las huelgas introducen presión, pero a veces puede ser neutralizada. En una primera fase de huelgas, el Gobierno municipal dedicó muchos esfuerzos a criminalizar a la plantilla, presentándolos como unos privilegiados que cobraban mucho y habían tomado de rehén a la ciudadanía. No es lo mismo que este mensaje lo difunda alguien de derechas que un ayuntamiento autodenominado de izquierdas con credibilidad entre la población. El resultado fue muy difícil de afrontar: buena parte de la población compró el argumentario de Barcelona en Comú y hubo insultos, agresiones y escupitajos a trabajadoras cada vez que había una huelga.

A pesar de los esfuerzos de los sindicatos por explicar las manipulaciones y sus honestos objetivos, la solidaridad no fue precisamente un valor al alza en esa primera fase. ¿Qué presión había hacia el Ayuntamiento en ese contexto? Casi nula. La población compraba que la "culpa" del malestar que se vivía socialmente durante los días de huelga era de esos privilegiados que querían más. Añadamos que las pérdidas económicas para un político son prácticamente irrelevantes; lo apuntan en el libro del año y ya está. A ellos nadie les miraba porque el foco estaba en la plantilla. En ese escenario, podrían haber estado 400 días de huelga, que la situación solo hubiera empeorado para los trabajadores.

Había que evaluar la situación, comprobar que el punto de ruptura estaba muy lejos y hacer los cambios pertinentes para que el conflicto se adaptara. El tiempo en lucha es necesario, pero no es lo único que hay que tener en cuenta.

En la segunda fase de huelgas, el discurso cambió. Ya no consistía en centrarse en ignorar a la población o pedirles solidaridad, sino en señalar una y otra vez al Ayuntamiento como culpable del nefasto servicio en hora punta debido a su incompetencia en alcanzar un acuerdo. Se empapelaron todas las estaciones de metro con la cara de los responsables, señalándolos. Se pintaron una y otra vez accesos con sus nombres y apellidos, y hubo boicots a cada acto público y mensajes reiterativos. En este momento aparecieron unos aliados inesperados en conglomerados mediáticos de derecha y otros partidos políticos que vieron el cambio y se apuntaron a hacer sangre sobre los negociadores municipales. La situación cambió y, entones, cada huelga suponía una presión directa sobre el Ayuntamiento que, en la fase final, en dos o tres días cruzó la línea que no quería cruzar y se alcanzó el acuerdo.

En definitiva, ante un conflicto duro e indefinido se debe ser consciente de que las señales de debilitamiento serán ocultadas y todo parecerá imposible hasta el día de la ruptura. Por lo tanto, se debe tener siempre en cuenta esta situación ante la necesidad de dar buenas noticias para mantener la moral. Es vital estimar correctamente dónde están la ruptura y la capacidad de resistencia, y para ello cuanta más información interna se obtenga, mejor. Debemos apostar por ir sumando más presión colateral al núcleo del conflicto, con la intensidad que se decida y valorando la entrada en la partida de grupos de apoyo y vías de extensión social y territorial: entrar en el campo del "conflicto creciente". Para ello, es positivo que la mirada sea diversa y que tienda más hacia una dinámica de lucha móvil que hacia una de simple repetición.

Aquí no hay nadie invulnerable, todo el mundo tiene una capacidad de resistencia. Creérselo es siempre el primer paso para lograr rebasar ese punto. Aunque la prudencia y preparación son importantes, casi nunca se dan las condiciones perfectas para iniciar un conflicto potente. Es necesario intentarlo.

CAPÍTULO 7

EL ESTANCAMIENTO DEL CONFLICTO Y CÓMO SUPERARLO

Hay ocasiones en que parece que todos los astros se alinean y tenemos presentes, lo hayamos buscado o no, todos los elementos para una buena huelga: determinación y firmeza de la plantilla, amplio seguimiento y daños reales sobre la empresa o administración. La última pata es la clave de todo, ya que si no se generan dificultades insoportables da igual el número, porcentaje o días de paro: es una derrota asegurada y la huelga queda reducida al ejercicio del simple derecho de protesta y no como palanca que fuerza un cambio. Si no haces daño real, no importa el resto.

Que una huelga difícilmente pueda ser ganadora no es motivo para no hacerla. Las huelgas pueden actuar como escalones de un camino finalmente positivo, aunque no funcione como queramos aquel en el que estamos ahora. Si solo nos moviéramos conociendo de antemano que tenemos la partida ganada, nunca daríamos un solo paso.

Pero si queremos ir con el ariete a toda velocidad y teniendo como objetivo derribar la puerta del castillo empresarial, es vital que en la preparación se tengan en cuenta tanto los puntos débiles del contrario, para generar el mayor daño, como el sostenimiento de la mejor estrategia que consiga tirarla abajo. Eso incluye conocer nuestros puntos débiles y minimizarlos, y típicamente son la moral y la capacidad de resistencia.

EMPIEZA LA HUELGA

Se han iniciado los paros y la mayor parte de la plantilla está implicada, con la moral elevada y dispuesta a aguantar un número importante de jornadas. Los piquetes funcionan, la producción, el servicio y la normalidad se ven directamente afectados y la empresa hace lo que puede achicando el agua mientras, de cara a los negociadores sindicales o plantilla, parece imperturbable, para así no mostrar debilidad alguna que alimente la moral.

Lo que viene a continuación es una batalla donde cada parte busca el sometimiento por desgaste de la otra.

Los y las trabajadoras han generado los problemas y tratan de mantenerlos, acumulando días hasta vencer la resistencia de la empresa. Al otro lado de la mesa se minimizan las dificultades, negando las negociaciones o, si las hay, ofreciendo baratijas. Esperan que la plantilla acabe vencida por las dificultades económicas o porque se produzca un hundimiento de la confianza en poder conseguir sus objetivos.

En ambas estrategias, el tiempo parece ser el juez de la partida, pero, finalmente, llega un momento en que la huelga solo mantiene su fuerza, no la incrementa. La huelga está estancada:

GRÁFICO 3
UNA HUELGA ESTANCADA

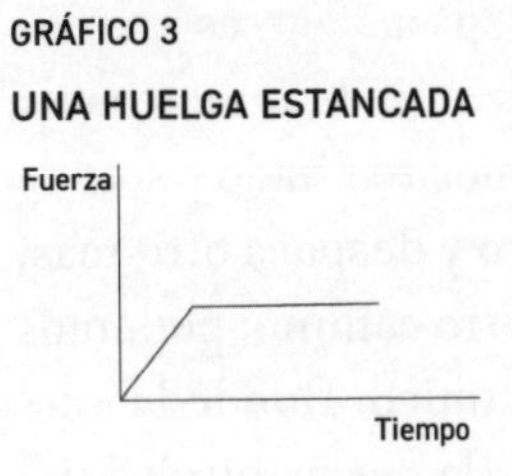

Fuente: Elaboración propia.

¿CÓMO ACTUAR EN UNA HUELGA ESTANCADA?

En esos contextos en que se acumulan los días primero, y después las semanas, el colectivo habla y alguien comienza a verbalizar las dudas, primero marginales, pero que cada vez se extienden más y más. Sigue habiendo que pagar facturas, y la realidad personal y familiar de cada individuo condiciona proporcionalmente su necesidad económica, lo que también ejerce presión. Si a esto le sumamos que no hay avances significativos, el cansancio se acumula y, en definitiva, la moral y capacidad de resistencia inician una curva descendente. Cuando empiezan las deserciones entre las huelguistas, el problema se multiplica.

También hay que tener en cuenta que es posible que la fuerza desplegada por la huelga se haya quedado *un poco* por debajo del punto de ruptura que obligue al acuerdo. *Un poco,* en estas condiciones, lo es todo. Y no siempre es evidente debido a que la otra parte hace lo posible para invisibilizar sus problemas internos.

Sin duda, se puede mitigar esta evolución activando cajas de resistencia para tapar el frente de la necesidad económica y actuando continua y colectivamente sobre la moral, la gasolina de toda huelga. Pero eso no es suficiente. ¿Qué hacemos entonces? ¿Simplemente limitarnos a seguir sin ir al trabajo y repitiendo lo mismo, como un martillo hidráulico, una y otra vez?

La respuesta a esta pregunta nos lleva ante una bifurcación en el conflicto.

Por un lado, podemos confiar en los negociadores y esperar que hagan magia o saquen petróleo de la situación, maximizando nuestras verdaderas capacidades futuras para que el contrario dude y acepte un acuerdo. Puede pasar y, de hecho, pasa. Pero es una estrategia de último recurso, como si todo lo que pudiéramos hacer para poner presión en la mesa ya lo hubiéramos realizado y solo se nos ocurriera aguantar un día más, luego otro y después otro más.

Pero en ese momento de la huelga hay otro camino: podemos pasar a un esquema de conflicto móvil, dinámico. Donde la empresa está esperando de nosotros y nosotras la previsibilidad del daño generado por la simple huelga, podemos abrir nuevos frentes de presión que eleven el conflicto a un nivel superior de fuerza, que conviertan la lucha en algo insoportable, imprevisible y que incrementen el efecto que el conflicto ejerce. ¿Qué se consigue con eso? O bien rebasar el punto de ruptura, si estaba cercano, o bien reducir el número de días que la empresa es capaz de aguantar proporcionalmente frente a la nueva presión generada.

Visualmente, estaríamos aquí:

GRÁFICO 4

LA DECISIÓN ANTE EL ESTANCAMIENTO

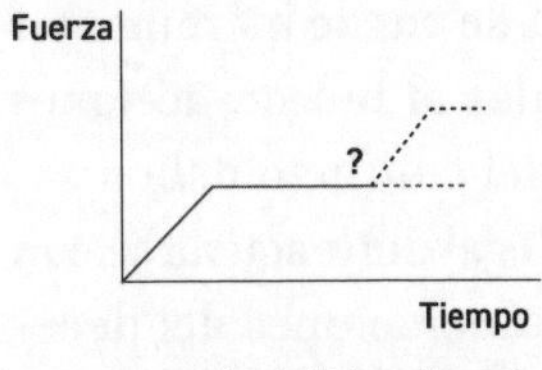

Fuente: Elaboración propia.

Es decir, hay que romper el bloqueo mental que nos hace seguir con la hoja de ruta del desarrollo de una huelga convencional y mover el agua estancada, golpeándola, para generar cambios.

Cómo hacerlo ya es otra cuestión. Por ser prácticos, se trata de que unas cuantas personas de la sección sindical y del sindicato se dediquen a diseñar nuevas acciones, concretas y realizables, sobre los puntos débiles del contrario en corto plazo. Si la huelga está estancada y ha pasado bastante, nos acercamos al tiempo de descuento; no podemos fantasear con plazos de ejecución largos o que requieran energías elevadas. Se tiene que ser directo y resolutivo, acumulando diferentes frentes en poco espacio de tiempo y con un sentido global. En nuestra mente tiene que estar presente la palabra *contraofensiva,* una entrada de nuevas energías en el conflicto, coordinadas y sobre flancos que hayan quedado al descubierto.

Es preferible pasarse de ideas que quedarse corto. No está nada clara la influencia que tiene una acción que pueda parecernos de poca importancia en el contrario, porque para él puede no ser tan anecdótico. Si disparas diez iniciativas, ¿qué importa que dos o tres no tengan efecto? Alguna será la definitiva.

Las medidas deben ir directamente sobre los puntos débiles del contrario, sin rodeos ni medias tintas ni a medio gas. Si estamos en una huelga en un servicio público o subcontratado hay que ir con fuerza a por los políticos responsables, sus partidos políticos y su prestigio entre la población con acciones reiteradas de diferente tipo. Por ejemplo, personalizando el conflicto y empapelando de carteles sus espacios de confort o coordinando acciones sobre sedes de un partido simultáneamente en varias ciudades; sin soltar la presa para que se reciban presiones desde otros puntos.

Si el empresario tiene un capital social que quiera mantener, se le puede atacar allí donde le duela más. La intensidad del piquete o medidas hacia elementos de la empresa se puede incrementar mediante la solidaridad activa. Las llamadas al boicot, acciones directas por la huelga, y la socialización del conflicto deben ser claras y decididas, por sorpresa. El frente legal debe activarse con mayor fuerza, demandando penalmente vulneraciones del derecho de huelga y todo aquello que tengamos disponible de forma ágil: a veces no nos importa el recorrido jurídico que exista o sus posibilidades, sino que genere efecto ya, creando dudas e incertidumbre. Se ha de sacar más jugo de medios de comunicación y más desgaste por redes sociales: lo que se haya hecho hasta ahora puede estar bien, pero necesita redoblarse.

Tenemos que visualizar que la huelga estancada es un fuego localizado en un punto concreto, que no se apaga pero que tampoco avanza. Hay que crear nuevos o sacarlo de ese rincón para expandirlo.

Está claro que a una sección con cierto desgaste y cansancio no le sobran precisamente energías, por eso es imprescindible que se creen grupos de apoyo del sindicato, activos, en continua comunicación con la sección e integrados, para que descarguen trabajo y participen con iniciativa en los diferentes frentes, siempre con el acuerdo del núcleo del conflicto.

La introducción de nuevas energías, concentradas y de forma decidida es, a menudo, el factor desequilibrante que permite que caiga la resistencia empresarial y se alcancen acuerdos positivos.

Sin esa entrada planificada de nuevos fuegos, es casi seguro que muchas victorias conseguidas hubieran acabado con el pulso caído en el otro lado.

Cuando estemos en una huelga y observemos que los días siguientes son una repetición de los anteriores, tendremos la señal de alarma que tiene que llevarnos de forma inmediata a la creación de nuevas medidas de presión. La existencia, más o menos informal, de grupos de choque del sindicato que se sumen en los momentos clave es determinante para encontrar esas nuevas energías que hagan insoportable el conflicto por parte de la patronal.

CAPÍTULO 8

UN PUNTO INTERMEDIO ENTRE LA HUELGA DE EMPRESA Y LA SECTORIAL

En la mayoría de territorios del Estado español, con la excepción de Euskal Herria y Galicia, podemos ver que se repiten los mismos patrones. Los sindicatos de contrapoder no tienen suficiente influencia para iniciar conflictos importantes a nivel sectorial, mientras que los que sí tienen amplia implantación no lo hacen debido a su naturaleza, desfavorable a la movilización. De esta forma, los primeros mantienen la iniciativa a nivel de empresas donde tengan una correlación de fuerzas favorable, consiguiendo mejoras de condiciones y económicas, aunque limitadas a ese ámbito. Y, en el otro lado, como consecuencia de la paz social en negociaciones de convenios colectivos sectoriales, los retrocesos se acumulan ladrillo a ladrillo: se pierde poder adquisitivo respecto la inflación y se alcanzan numerosas categorías profesionales por el salario mínimo, o se canjean derechos de los y las trabajadoras a cambios de las miserables migajas firmadas por quienes descartaron, hace mucho tiempo, la opción de pelear.

Fruto del progresivo crecimiento del sindicalismo de contrapoder, esta realidad puede modificarse en sectores muy concretos, donde el *statu quo* de fuerzas sindicales entre unos y otros se altere lo suficiente. Pero, por desgracia, es un proceso exasperantemente lento y con un alcance muy reducido y puntual, así que nos encontramos ante un escenario que parece condenado a repetir un modelo de luchas aisladas del resto de plantillas, impidiendo un empuje común por los derechos de todo el colectivo. Además de los negativos efectos de esta dinámica en el corto plazo respecto la capacidad de mejora de los convenios sectoriales, se suman otras características más difusas, pero presentes: el debilitamiento general de la solidaridad e identidad de clase.

Cuando luchamos en nuestra empresa, el marco de operaciones pivota bastante en lo personal: nuestros compañeros y compañeras cercanas, los lazos humanos de primera mano existentes, el objetivo común con quienes compartes mucho tiempo diario... Es cierto que lo colectivo y solidario se activa frente a un adversario común, pero buena parte de la argamasa se basa en criterios de proximidad donde el componente humano es muy fuerte. Por otro lado, las movilizaciones sectoriales suponen un escalón por encima de ese contexto no solo a nivel de efectos acumulados en la presión conjunta, sino también por la percepción misma del sujeto que lucha y su oponente. Ahora se actúa en unidad con personas que no conocemos de nada, contra empresas que no son en la que trabajamos, por objetivos comunes y empujando coordinadamente para conseguirlos. Esa experiencia de lucha nos aproxima más al comportamiento organizado de clase: apoyamos a compañeras de otras empresas y esas mismas personas nos apoyan. Nos sentimos directamente formar parte de un nosotros no definido por oposición a la empresa que nos paga, sino por nuestro mismo papel colectivo como oprimidos. La vivencia de una lucha sectorial construye mayor conciencia de clase que la limitada a la empresa.

Entonces, ¿no puede hacerse nada mientras no haya una masa crítica suficiente del sindicalismo de contrapoder en este o aquel sector? Bueno, algunas cosas sí pueden probarse. Existe una zona intermedia donde actuar: huelgas y movilizaciones coordinadas de empresas de una misma rama productiva en un mismo espacio de tiempo.

Es posible que no se pueda movilizar todo un sector, pero sí tener suficiente fuerza en varias empresas de ese sector. El potencial de este tipo de huelgas semisectoriales es muy elevado. Al formar parte de un mismo contexto productivo, es muy probable que los efectos de la huelga y movilización se multipliquen, por ejemplo, en lo referente a compartir unos mismos clientes. Los efectos de una lucha en las empresas A, B y C en un mismo momento tienen un impacto mucho más elevado que si esas mismas plantillas de A, B y C se movilizan por objetivos propios en jornadas diferentes del calendario. Esos clientes afectados no se quedarán quietos ante el fuego cruzado de varios proveedores, sino que devolverán los problemas en forma de presión o penalizaciones a sus prestadoras de servicios o productos. Las manifestaciones o concentraciones conjuntas generan, además, una fuerza muy positiva en la moral y magnitud de los diferentes colectivos en lucha, ayudando también en la visibilización ante medios convencionales.

Un caso reciente de la aplicación consciente de esta estrategia lo tenemos en las huelgas de empresas consultoras del sector TIC entre 2023 y 2024 por el poder adquisitivo, tras las enormes pérdidas salariales producidas por la alta inflación que sucedió al covid-19. DXC, Alten, plantillas de empresas de los grupos Indra, Accenture, Tecnilógica, Global Rosetta, Informática de Euskadi, Avanade, Energuia Web y otras se coordinaron en diferentes momentos para realizar hasta ocho jornadas de huelga impactando conjuntamente en clientes y creando serios problemas en el mantenimiento de servicios informáticos. Esta tarea fue coordinada por CGT, con presencia relevante en todas ellas, y con la participación de algunas secciones de otros sindicatos.

Como puede imaginarse, no es sencillo realizar algo así. Primero deben acordarse las condiciones de salida de la movilización; es decir, si, por ejemplo, en alguna de esas empresas recursos humanos aceptase realizar cesiones suficientes, deberá debatirse anteriormente si supone descolgarse de la lucha general como contrapartida o no. Es preferible tenerlo previsto y acordado previamente para evitar recelos posteriores, como los sucedidos entre Metro y Bus de Barcelona en 2012, cuando los primeros desconvocaron una huelga conjunta sin los segundos tras un preacuerdo. En el caso de la movilización del sector TIC se consensuó que no habría problema si eso sucedía.

Un segundo ingrediente importante es tener una reivindicación que, aún con un escenario de solución de empresa a empresa, sea común a todas las plantillas. De esta forma, se simplifican mensajes y se compatibiliza un mismo objetivo en la movilización general (reducción de jornada laboral, municipalización de un servicio, poder adquisitivo…). En cada momento y sector puede ser diferente, pero tiene que ser lo suficientemente sensible y relevante como para que sea ganador cuando se apriete el pedal del acelerador.

La tercera pata principal es la calendarización y formato de las huelgas. Los momentos de excitación en una plantilla no son eternos, si se inicia una huelga cuando el ambiente está templado no funcionará. Si se mantiene demasiado tiempo en un punto máximo, pero sin iniciar la movilización aún, la predisposición decaerá por agotamiento de forma inevitable, podemos chocar con meses de vacaciones, etc. Así que se debe tratar el camino de la huelga casi con cierta cirugía, reduciendo el ritmo en aquellas que están en una fase más avanzada y apretando etapas en las que van algo más descolgadas. De esta forma podremos estar cerca de ese escenario ideal en el que el máximo de plantillas se encuentra en el punto culminante de participación cuando se inicie la lucha.

Las combinaciones y potencialidades de este modelo de burbujas que contienen empresas de un sector donde el sindicalismo combativo es fuerte son inacabables: subcontratas de recogida de residuos de un territorio iniciando huelgas simultáneamente, de servicios logísticos, de transporte, de un mismo centro comercial, aeropuertos, asistencia domiciliaria de subcontratas de una misma administración, subministradores de piezas a grandes marcas de automoción… No acabaríamos nunca. Por lo tanto, no es excusa que el sindicalismo de contrapoder se automargine en el reducido mundo de los conflictos de empresa por incapacidad de movilización general. Entre la pelea puramente sectorial y la atomizada de empresa está el punto intermedio de la coordinación de las de un mismo sector y ámbito, donde el modelo sindical de confrontación esté fuerte.

El formato de huelgas semisectoriales no se limita al mundo de la empresa privada, sino que también puede usarse para que diversas áreas o subcontratas del sector público que no puedan ser neutralizadas por el sindicalismo de paz social se pongan en movimiento simultáneamente. En este caso, la presión conjunta no es tanto la prestación efectiva de servicios, sino el ataque directo contra una misma administración o partido político que reciba un hostigamiento general. Ha habido numerosos ejemplos en el pasado en sectores de enseñanza, sanidad pública, transporte etc., uniendo las reivindicaciones concretas de cada uno y la defensa del sector público como capa que las cubre a todos. Sea a un municipio, un gobierno de comunidad autónoma o directamente el estatal, la acumulación de ruido en la calle es miel para los y las huelguistas. Finalmente, en estos casos más directamente asociados al sector público, no hay que focalizarse únicamente en la coincidencia de fechas. Como el objetivo es el desgaste general que arranca cesiones, podemos jugar con una cierta rotatividad de las movilizaciones, como quien coge turno en el mercado para mantener así una disrupción de la normalidad durante más tiempo.

CAPÍTULO 9

LA NEGOCIACIÓN

Aunque la preparación de una campaña de presión y huelga consume mucho tiempo y energías, es necesario no olvidar que se trata del medio indispensable para el fin deseado, no del fin en sí mismo. Nuestro objetivo puede ser un incremento salarial, mejores condiciones laborales, readmitir despidos... Todo aquello que como trabajadores y trabajadoras consideremos justo y por lo que queramos luchar. Así pues, la presión busca la concreción de esa fuerza en un papel, en unas frases y unos compromisos que sean el precio por finalizar nuestros ataques. La negociación es el proceso de conversaciones para conseguir ese papel con el contenido deseado.

Así como apostar por la huelga no es el objetivo, una negociación aislada de presión efectiva no es jamás el medio para alcanzar una reivindicación relevante. Sindicatos pactistas y beligerantes a toda movilización caen, en el mejor de los casos, en este error, aunque la mayoría de las veces son perfectamente conscientes y lo asumen con la alegría de la derrota ordenada o el beneficio personal otorgado por parte de a quién sirven. Estas dos formas de negociar, totalmente contradictorias, chocan cuando coinciden en una misma empresa o sector: cuando una tira hacia un lado, la otra lo hace hacia el opuesto. Esa pugna no es neutral y puede contaminar el proceso mismo de huelga con falsas esperanzas por simplemente reunirse en una sala y hablar. La huelga debe tener en cuenta estas intoxicaciones como un obstáculo más, como si se tratara de otra contramedida de la empresa a neutralizar. No se puede quedar expectante sin hacer algo al respecto.

Antes de detallar cómo se desarrollan los procesos negociadores reales, hay que detenerse en cuáles no lo son. En algún momento de la segunda mitad de los años ochenta, los principales sindicatos mayoritarios del Estado español se deshicieron de los restos de política sindical basada en el binomio huelga-negociación. Los tiempos en que un secretario general como Marcelino Camacho decía que "la mejor forma de negociar un convenio es primero tirar abajo la puerta del director de personal de una patada" quedaron muertos y enterrados. En su lugar, se abrazó ya de forma completa el papel de la interlocución social y la resolución pacífica de conflictos, derivándolo todo a "mesas negociadoras" donde, mágicamente, ya no hacían falta movilizaciones para conseguir ciertas mejoras. Este cambio de paradigma donde todo se fiaba a personas sentadas en ausencia de presión replanteó esfuerzos y perspectivas. En lugar de dedicar medios mediante el conflicto, se viró hacia la formación de cuadros sindicales (para que negocien *mejor*) y gabinetes de abogados. En lugar de colectivizar las reivindicaciones, se entró en dinámicas de infantilización de plantillas y se individualizó la construcción de la solución en unos nuevos *héroes de la clase obrera,* quienes, gracias a su superior dialéctica y en entornos de alta complejidad, alcanzaban por sí mismos varias mejoras.

Todo esto era y es mentira.

En un sistema capitalista es conveniente recordar quién manda a efectos legales. Teniendo en cuenta que las empresas viven a partir de la plusvalía de la mano de obra, y de otros componentes como sus éxitos comerciales, exactamente ¿por qué razón deberían rebajar sus expectativas de riqueza porque una parte de sus costes quiera recibir parte de ella? ¿Por... bondad?, ¿altruismo? No se puede ser tan ingenuo como para morder ese anzuelo. A este desequilibrio inicial se tiene que sumar la progresiva retirada de las pocas limitaciones legales que había a la codicia empresarial mediante sucesivas reformas laborales, la asimilación de dogmas neoliberales, como la asociación del salario a la competitividad (que además de injusta es otra falsedad), y la degradación de tradición de lucha en el sindicalismo mayoritario estatal. Actualmente hay cargos sindicales territoriales que, literalmente hablando, no saben ni cómo se convocan formalmente huelgas legales. En estas condiciones solo pueden cosecharse derrotas. Si antes de 1994 era común que los convenios colectivos tuvieran una cláusula de garantía para que las tablas salariales no perdieran en ningún caso poder adquisitivo, en 2022 solo la incorporan el 16% de ellos. Todos los indicadores reflejan pérdidas de conceptos salariales comparados con la inflación para puestos de trabajo de igual categoría, con la excepción del salario mínimo.

En una situación de equilibrio entre partes, los acuerdos se suelen alcanzar cediendo por un lado y el por otro. Pero en un escenario de negociación sin presión, una parte tiene en su poder los recursos económicos. ¿Y la otra no tiene nada? En realidad sí tiene algo: derechos de los trabajadores. Es a partir de ese "para conseguir algo hay que dar algo" que encontramos cláusulas draconianas de bolsas de horas en convenios de asistencia domiciliaria, eliminación de pluses ligados a la antigüedad, cláusulas de salvaguarda salarial y tantos otros etcéteras ofrecidos como necesarias contrapartidas para poder alcanzar acuerdos miserables. En definitiva, la política de paz social del sindicalismo mayoritario y su posterior propagación al modelo de negociación han supuesto una paliza empresarial sobre los derechos y condiciones de vida de los y las trabajadoras.

Opuesta a esta lógica de derrota se presenta ante la clase trabajadora una mercancía con la que poder nivelar las conversaciones posteriores: la capacidad de realizar daño efectivo sobre los intereses empresariales, especialmente mediante la activación de la huelga y desgastes varios. Eso es lo que puede poner la representación sindical sobre la mesa como *cesión:* dejar de golpear por una lucha concreta. El juego entonces cambia significativamente, ya que durante los momentos de conflicto se diluyen las leyes estatales y la lógica de poder *business as usual* existente para hacer entrar en la partida otras reglas, basadas más en el despliegue de fuerza bruta sobre el oponente y en la contención de este de las diversas afectaciones. No es de extrañar que las huelgas hayan sido prohibidas y consideradas legalmente bajo el apartado de sabotaje. En cierta forma, una campaña de huelgas no deja de ser sino una revuelta, en un ámbito local y delimitado, pero revuelta.

EL INICIO DE NEGOCIACIONES

Toda reivindicación relevante requiere de presión previa para obtenerla; por lo tanto, negociar antes de apretar carece de sentido. Aun así, hay ocasiones en las que puede ser interesante hacerlo, pero enmarcando esas reuniones dentro del propio plan de preparación de la movilización y de forma concreta, para mostrar al conjunto de trabajadores y trabajadoras que es imposible seguir por ese camino, que la empresa ha levantado bloqueos o que las posiciones de los otros están tan alejadas que hacen inviable el no realizar cambios propios en forma de movilización.

Parte de la plantilla suele no desear tener que dar el paso: se agarran a falsas esperanzas que eviten el movimiento, que no sea necesario dejar de pasar desapercibido, significarse, tener que decidir y, por lo tanto, mojarse. Es necesario argumentar, de forma práctica, que no hay trucos ni reuniones mágicas y que la actitud patronal no deja otra alternativa que dar el paso. Así, se observa a la empresa colectivamente tal cuál es, forzándola a que se pronuncie. Por lo tanto, a veces puede interesar hacer un teatro de negociación sin presión, aunque se conozca *a priori* el resultado, para reutilizarlo en beneficio de una mayor cohesión en la lucha posterior. "Es que esta gente solo conoce un lenguaje, se ríen de nosotros".

Una vez comunicada la respuesta de las trabajadoras, favorable a la movilización, a la patronal a veces se le abren ventanas de oportunidad si la amenaza es creíble, la previsión de daño relevante y la propuesta asumible. Se tiene que prestar atención a estas oportunidades y aprovecharlas, aunque a la vez siendo conscientes que no es muy habitual. Empresas y administraciones saben que, si ceden de forma sencilla, eso alimenta la percepción de utilidad futura de la movilización, así que mayoritariamente suele optarse por el choque de trenes preparando medidas de protección según los cálculos en que preevalúen tanto seguimiento,como tiempo y capacidad de resistir los problemas creados.

Durante las primeras fases de la movilización si hay contactos, estos se limitan a la exposición de posiciones y líneas rojas (que serán rebasadas por la parte empresarial si acaba en dificultades relevantes). Otras veces esas reuniones o contactos son inexistentes, como parte de la estrategia negociadora patronal basada en el mito de la montaña de granito: imperturbable, demasiado grande como para ser movida por nuestra insignificante presencia. No es más que una táctica mental, todas las montañas se acaban desplazando siempre que apliquemos la fuerza adecuada. Es importante en esos momentos tomarse con calma este episodio mientras centramos esfuerzos en el incremento de la presión y la apertura de nuevas líneas de desgaste. Por supuesto, uno de los mayores enemigos de esta etapa es caer en la estrategia de falsa invencibilidad de la empresa, poniendo excesivamente la atención en si hay o no reuniones y, después, en si hay o no avances. Tranquilidad y más presión, el resto llegará como consecuencia.

LAS PRIMERAS REUNIONES DE NEGOCIACIÓN REALES

Tarde o temprano se acaba entrando en materia. A la patronal o administración no le interesa el conflicto y, por la parte sindical, se desea el objetivo que lo motiva, no el mantenimiento de la lucha simplemente por mantenerla. Así que los representantes de las huelguistas suben a la planta noble, o al ente de mediación que corresponda, y toman asiento en la misma mesa donde el sindicalismo de concertación fracasa una y otra vez. Pero ahora disponen de una herramienta que les da cierta ventaja, especialmente en el caso de las huelgas ofensivas donde ritmos y tiempos son decididos por las trabajadoras en lucha. Ajustan la altura de la silla hacia arriba hasta quedar al mismo nivel que sus contrarios y empieza la negociación.

Lo primero que deben tener claro las personas que participan es que ellas son la voz de quienes protestan en la calle, no sus salvadoras. Es un modelo radicalmente diferente al del héroe de la clase obrera, superpreparado y que, con sus altas capacidades, es capaz de encontrar el punto máximo de encuentro más favorable para los intereses de la plantilla. Ese esquema fallido necesita que la plantilla sea espectadora, oyente, informada de las necesidades del gran asesor que les irá diciendo lo que necesita para que les consiga la victoria. "Ahora gritad un poco", "toca no ir presencialmente", "id a casa para que vean un gesto"; en definitiva, una necesaria infantilización para marcar distancia y poder cerrar de un carpetazo el asunto, con textos largos que naden en océanos de letra pequeña y estructuras condicionales. De esta forma, el redactado parece una cosa, pero es la contraria.

Un esquema de estrategia sindical de confrontación opta por un paisaje a 180 grados del anterior. Las negociadoras trasladan las peticiones e intercambian posibles opciones, argumentando, pero no improvisando acuerdo alguno que no se haya hablado antes en asamblea de trabajadoras. Posteriormente, se detalla lo sucedido para debatir en común siguientes pasos, evitando siempre personalizar las soluciones y los roles, y empoderando reiteradamente la asamblea. Es una línea muy sencilla pero que lo cambia todo, generando una cascada de consecuencias positivas. Por una parte, es el propio colectivo el amo de sus decisiones y sus acciones, pero esto a su vez fortalece la determinación conjunta: no tiene nada que ver ser un espectador o un actor de tu destino. Además, libera de presión a las personas negociadoras, "somos las mensajeras. Lo tendremos que hablar en asamblea", y de esta forma se limitan diversas actuaciones de la empresa sobre quienes están frente a la mesa, como veremos más adelante. La excesiva autoresponsabilidad de quien negocia, a veces sentida con ansiedad o como una losa, se difumina al hacerse evidente que la solución no depende mayoritariamente de un papel de cierto liderazgo ante recursos humanos, sino que se encuentra en el lugar que le corresponde: entre el colectivo.

LA PRESIÓN SOBRE LAS PERSONAS NEGOCIADORAS

Las patronales, como nosotras, usan todas las armas a su alcance para defender sus intereses: se protegerán de los efectos de la huelga, intentarán romper la unidad y moral del grupo, pasarán por encima de normas legales del derecho de huelga, contratarán esquiroles, coaccionarán... Pero también actuarán sobre las personas que negocien la salida del conflicto mediante diferentes recursos psicosociales sobre los que tenemos que estar prevenidos. El primero y más obvio es el establecimiento de límites en la negociación sobre los que es imposible hablar, con diferentes excusas de tipo económico o productivo. Otras veces ponen sobre la mesa dificultades de tipo legal o referencias a un tercero jerárquico, tan alejado de esa reunión que se comporta como un semidiós ajeno a la trivialidad de nuestras vidas (típicamente la sede central de una gran multinacional, un consejo de administración férreo o referencias dispersas al sector o mercado). Si la representación sindical compra ese discurso, la parte patronal ya ha avanzado la primera posición significativa, y de ahí hacia abajo por el camino de las migajas.

De todas formas, una de las principales tácticas es el desgaste consciente de las personas negociadoras con diferentes maniobras. Todas ellas se basan en una evidencia: que una dinámica de grupo o movimiento es compleja de hundir. Pero toda persona tiene unos límites a los que se la puede empujar hasta que se derrumbe. Muchos bufetes de asesoramiento empresarial reciben entrenamiento en esas técnicas y las aplican como quien sigue un manual de funcionamiento de un electrodoméstico. La primera de ellas es la *montaña rusa emocional,* que consiste en intentar contactar emocionalmente en descansos, de forma empática, explicando anécdotas o algún tipo de problema personal de pasada para que la persona negociadora rompa la barrera y vea al ser humano que hay detrás de la empresa. A medida que se suceden las reuniones se generan bruscos cambios de tensión en el ambiente, pasando de hablar pausadamente y con profesionalidad a proferir gritos y escenas de artificial tirantez, y así convertir de forma rápida una conversación tranquila en otra desagradable. Puede que haya recesos en ese momento o amenazas de abandonar la sala y cerrar la puerta a nuevas reuniones. El objetivo de todo ello es incrementar el estrés, las dudas y sumir a la representación sindical en ciclos de subida y bajada emocionales que la desgaste, pero si ya conocemos estas acciones podemos sentarnos a disfrutar del espectáculo porque, entonces, el intento pierde todo el efecto.

Otra de las posibilidades que podemos vivir en una mesa de negociación es la *acumulación de jornadas* y *falta de descanso* para acabar con la resistencia mental de las representantes sindicales. La reunión se alarga artificialmente, y suele ser la parte patronal la que anima a extender el horario pactado para seguir discutiendo un punto que, finalmente, sigue inamovible. Se piden pizzas y se cita después de la cena. Al día siguiente, se continúa con el calendario de reuniones. Pensemos en las personas que están allí, quienes después de la reunión tienen que explicar lo sucedido al resto de compañeros y compañeras, probablemente hacer un resumen o ayudar en un comunicado, atender las numerosas preguntas, pensar en cómo afrontar la siguiente reunión y, finalmente, ir a casa, donde se suma un día más de escasa o nula atención a cuidados, de dormir poco por los nervios y de volver a empezar de nuevo.

Las diferentes técnicas de desgaste buscan que las personas negociadoras rebasen el límite personal por agotamiento físico y psíquico. En ese momento, quien está afectada por el cansancio empieza a estar harta de todo; la energía del principio se ha consumido y solo quiere que finalice ya esta etapa para recuperar su vida. Es entonces cuando se hace la vista gorda a cláusulas que no eran aceptables hace un tiempo, cuando se deja de apretar por mejores condiciones y cuando, finalmente, las personas quemadas pasan a intentar convencer al colectivo para que se acepte la última propuesta que haya sobre la mesa. Porque no pueden más.

Puede evitarse este camino de varias formas. Principalmente hay que identificar el mecanismo que utilizan para que, cuando veamos cómo se prepara, nos lo tomemos con una media sonrisa y miradas de complicidad. Por supuesto, hay fortalecer el modelo de negociación basado en la presentación de propuestas y decisiones, nacidas desde el núcleo de la asamblea de huelguistas, y desprenderse de toda responsabilidad en el propio comportamiento, como aquel que es determinante en lograr la solución, y actuar más como transmisores de voluntades. De esta forma, toda alusión personal será esquivada con facilidad hacia el grupo entero. Si la patronal intenta descolocar al grupo negociador con teatralizaciones de tensión artificial, se deberá reaccionar con la mayor de las calmas, ya que, en ese caso, a quien dejará descolocado que no produzca efecto será a la otra parte. Los horarios pactados de reuniones, especialmente en huelgas ofensivas, se tienen que cumplir de forma estricta y no se alargan, evitándose así el desgaste y proyectando no tener prisa alguna, reteniendo el control de los tiempos. No negociamos después de cenar, hasta mañana.

Internamente, el colectivo de huelguistas, la sección sindical, debe ser consciente de estos problemas para intentar reducir las probabilidades de que se desencadenen. Como dicen unas compañeras: "No podemos dejar muertos en el camino". Los cuidados son vitales no solo en el equipo negociador, sino a nivel de toda la huelga. Hay que tener una posición activa ante aquellas personas o situaciones que se detecte que estén pasando por momentos delicados, sean estos los que sean. Concretamente, en lo que hace referencia a las personas negociadoras, hay que evitar sobrecargar de trabajo, no pueden encargarse también de tareas logísticas, de comunicación y de tantas otras que se producen en una huelga o, al menos, no de forma principal. Todo el mundo tiene que echar una mano para asumir tareas y responsabilidades para que la carga sea repartida y fácil de llevar. Es también recomendable cierto relevo en las personas y capacidad de recambio por problemas personales o de cualquier otro tipo.

Si neutralizamos el derrumbe asociado al factor humano de las personas negociadoras, tendremos ese flanco cubierto y la patronal habrá malgastado inútilmente esfuerzos en intentarlo.

AVANCES, RETROCESOS Y FINALIZACIÓN DE UNA NEGOCIACIÓN

Una vez se desarrollan las conversaciones se puede ir aproximando el escenario donde las reivindicaciones de los y las trabajadoras se consigan, pero aún hay muchos altos y bajos en el camino. Hay que reiterar que la fuerza está fuera de la sala de reuniones y es ella la llave para alcanzar los objetivos. Las negociadoras actuarán como agente canalizador de esta fuerza, detallando las posiciones hasta que se llegue a un punto que sea aceptable por el conjunto del colectivo. En este recorrido, la firmeza y la calma son una dupla que permitirá ir avanzando de forma lenta pero segura.

Es posible que haya ocasiones en que este hilo se rompa, ya sea porque los avances son insuficientes, porque la patronal decida abandonar las reuniones o bien porque no lleguen ni tan siquiera a producirse como muestra de presunta fortaleza patronal. En todos esos casos, el esquema de una negociación basado en la presión suele aconsejar una misma receta: hay que incrementarla, no simplemente mantenerla. Para ello existe todo ese abanico de creatividad de líneas de desgaste, fuegos secundarios y grupos de apoyo que puede ayudar en la extensión del conflicto. Cuando las huelguistas no tienen claro qué más hacer es recomendable que otras personas del exterior del núcleo de la lucha propongan ideas o iniciativas que se valoren desde el conflicto. En momentos así es vital romper el bloqueo de forma ágil y efectiva. Ideas que sean complicadas o alejadas en el tiempo no son viables, solo nos harían perder energías. De la misma forma, tampoco lo son aquellas que no tienen potencial de nuevo daño, aunque se apliquen relativamente rápido: si no presiona, para qué hacer algo.

Puede haber excepciones a esta norma de desbloquear mediante una mayor presión de la plantilla. No son muy comunes, pero existen. Algunas empresas están dispuestas a aceptar daños muy graves antes que ceder a las pretensiones de las trabajadoras, aunque sean perfectamente asumibles. En pequeñas y medianas empresas, el componente personal del empresario es mucho más relevante que en una gran compañía o administración. Una personalidad intransigente, chulesca o soberbia antepondrá su prestigio o ego a cualquier afectación económica ante la escasa capacidad de diferenciación entre lo que es su *obra* y su propia personalidad. Como este tipo de conflictos están fuera de las normas de la lógica, son de difícil solución acordada. En todo caso, abandonar a la primera no debería ser una opción porque, si es así, se reforzará esa forma de actuar y se incrementarán políticas muy agresivas en el futuro. Otras veces la personalidad que ejerce de bloqueo por su propio carácter es un directivo, un gerente, un director de recursos humanos, un político de medio pelo. En esos casos debe puentearse sin miramientos ni perder el tiempo, trasladando la presión de comunicaciones y de cualquier otro tipo a la persona o estructuras jerárquicas superiores con capacidad ejecutiva para reconducir la situación.

Las empresas también usarán contraofensivas, más allá de la simple resistencia. Podemos encontrarnos con aperturas de expedientes disciplinarios, demandas penales o directamente despidos para minar la moral de las huelguistas y forzar el deseo de finalizar la huelga en situación ventajosa para las posiciones empresariales. Por supuesto, también se repiten diversos ultimátums, etc. Respecto a la represión patronal, puede aprovecharse para unir más al colectivo e incorporar una nueva condición para el cese de las hostilidades, la retirada completa de todo expediente abierto, despido o demanda de cualquier tipo. Son situaciones complejas y que pueden generar dudas, pero, como en la ascensión a una montaña, no se puede dejar a nadie atrás.

Poco a poco, si la estrategia, aguante y capacidad de daño real de la plantilla está teniendo éxito, entraremos en la fase de finalización del conflicto, el momento en que se acerca ese folio con las cláusulas detalladas del armisticio, ya sean bajo la forma de condiciones, modificaciones del trabajo, económicas, sociales o de cualquier otro tipo. Es decir, el peaje obrero. Nos esperan dos últimos obstáculos, el exceso de confianza y el error en el redactado. La empresa intenta un último engaño, especialmente si hay una jornada importante marcada en el calendario que suponga mayor fuerza en la negociación o escenarios del tipo "o ahora o nunca". Producto del cansancio y el tiempo dedicado, expresiones como "aceptamos vuestras propuestas" pueden ser muy dañinas: Se extiende la euforia, la alegría, los abrazos y se baja la guardia. De esta forma, se hacen gestos de buena voluntad como suspender la huelga, dejar pasar momentos donde el daño es más potente o extender la percepción de que todo está hecho. El problema es que lo que parecían detalles o flecos de última hora se embarullan de tal forma que convierten los compromisos en papel mojado. Pero tu tren con aquella fecha marcada en rojo ya ha pasado o, ante las posteriores malas noticias de falta de concreción, la moral no vuelva a levantarse después de la frustración, dañando a la huelga de forma definitiva. Por lo tanto, todo lo que no esté escrito y verificado debe ser tratado como lo que es: humo. Si la otra parte tiene problemas sabe perfectamente que son las garantías lo que puede solucionarlo y, mientras no estén presentes, la huelga sigue su curso *como si nada.*

Hablábamos de verificación del redactado. Estamos en los momentos en que se debe revisar cada coma, cada frase, tanto por lo que está escrito como por lo que está omitido y puede ser importante que se incorpore. Las abogadas pueden haber estado realizando asesoramiento al conflicto, pero es ahora cuando es prioritaria su participación. Hay párrafos que pueden ser leídos por ojos que desean ver lo que se reivindicaba, pero que en realidad tienen delante solo un conjunto de buenos deseos sin obligaciones detrás. Las frases en condicional, los "hasta un", los "siempre que" son subterfugios para que esté presente, incluso de forma literal, aquello por lo que se ha peleado, pero atado a condiciones que lo convierten en frases escritas en la arena de la playa antes de la siguiente marea. En otras ocasiones es la falta de concreciones la que hace descarrilar un buen acuerdo, por ejemplo, ante un incremento salarial en que no esté explícita una garantía de no compensar ni absorber un incremento legal posterior motivado por otro convenio colectivo. Son muchos los detalles y jamás se debe minusvalorar ni subestimar a la otra parte. Está muy bien asesorada legalmente y jugará sus cartas hasta el final para minimizar el impacto o, directamente, engañar a la representación sindical.

Nuevamente tiene que realizarse una tarea de contención ante las ganas de comunicar buenas noticias y seguir firmes y vigilantes hasta el último segundo. No tiene que pensarse en el estado actual de posible cansancio, sino en que las energías dedicadas no pueden echarse a perder por el último esfuerzo. Es solo después de ese filtro, por parte de abogadas, que se pasa a valoración y aceptación o rechazo de la asamblea.

CAPÍTULO 10

EL CAMPO DESPUÉS DE LA BATALLA

En huelgas sectoriales o a nivel de empresa, tarde o temprano, esta finaliza y se ha de volver al centro de trabajo. Un hecho tan cotidiano en la vida de cualquier trabajador o trabajadora se convierte en algo que de normal no tiene nada en absoluto; a menudo, las relaciones entre compañeros han cambiado para siempre, especialmente en movilizaciones intensas y sostenidas en el tiempo. Un torbellino de emociones, de sinsabores, de camaradería, decepciones o rabia se concentra de forma especial en los primeros días de vuelta al trabajo, dejando huellas que no se desvanecerán nunca. El componente psicosocial individual y colectivo en ese retorno a la fábrica, a la bicicleta, al comedor o las oficinas se vive en primera persona y genera ondas inevitables sobre las que poco puede hacerse, pero también otras sobre las que el colectivo de trabajadoras o el sindicato puede y debe gestionar e intervenir.

Las personas no vuelven a relacionarse de la misma forma. Lo que antes podían ser relaciones casuales, como un intercambio breve de bromas o saludos en la máquina de café, pueden cambiar drásticamente, fortaleciéndose aquellas generadas por el compañerismo de la lucha al crearse lazos de confianza duraderos. Sucede lo contrario cuando se produce el reencuentro con esquiroles, especialmente con aquellos que se han distinguido por su entrega a la empresa o por romper códigos de lealtad personal y colectiva.

En la plantilla se percibe una línea invisible entre unos y otros que, para muchos, ya no tiene vuelta atrás y es definitiva. Se pierde la confianza e, irregularmente, según el contexto de cada espacio, cambia el trato hacia aquellas personas que no secundaron la huelga en términos de desprecio y aislamiento por parte de las que sí participaron.

Casi en cualquier grupo de trabajadoras se podría segmentar su predisposición *a priori* a participar en una huelga en función de tres nichos: quienes es casi seguro que lo harán, quienes dudan y quienes nunca participarán. Estos últimos, esquiroles de *pata negra*, generalmente, ignoran la existencia misma de la huelga durante el reencuentro, actúan como si nada hubiera sucedido, como si jamás hubiera existido esa alteración temporal de las normas, y hacen lo que se espera de ellos: trabajar y seguir lo que se indique desde el orden establecido. Si la lucha ha conseguido algo, pondrán la mano silenciosamente porque "es lo que toca", sin sentir ni vergüenza ni necesidad de dar ninguna explicación. Son las normas: si la movilización ganada por las huelguistas da un beneficio, lo recojo; si una acción de la empresa hace perder un beneficio, se le entrega. Como engranajes en un motor, no hacen otra cosa que girar y girar. Ya que no les entusiasma precisamente la visibilización de su decisión, prefieren y trabajan a menudo por socavar la huelga desde dentro, esparciendo motivos para propagar el derrotismo o ridiculizándola para que otros, quienes dudan, tampoco la sigan. Así se confirma que hacen lo correcto y pasan desapercibidos lo máximo posible.

Todo esto debe tenerlo presente la sección sindical para poder intervenir en el pospartido. Ciertamente, muchas de las reacciones interpersonales quedan fuera del alcance de un movimiento colectivo. Pero es vital saber distinguir el grupo de esquiroles de *pata negra* de aquellas personas que, por dudas, miedo, por no ver la suficiente unidad o por el motivo que sea, no participaron en esta huelga, pero pueden hacerlo en la siguiente. Estas personas son recuperables. Mientras no se supere el capitalismo, la sucesión de batallas obreras es infinita, así que necesitamos incorporar más personas para nuevas ocasiones. Se pueden realizar reuniones de posevaluación de la huelga, escuchar a personas del colectivo dudoso para valorar qué cambios pueden realizarse no solo en la siguiente movilización, sino también durante el periodo previo para acercarlas a las posiciones sindicales y alejarlas de la influencia de personal proempresa. Respecto a aquellas personas que apuestan consciente o conscientemente por ser el Tío Tom de la patronal, la mejor receta es la que siempre ha dado la clase obrera: su aislamiento.

NO SE DEJAN MUERTOS EN EL CAMINO

Buena parte del impacto emocional colectivo vendrá determinado por el tipo de resolución del conflicto, habitualmente según estemos ante victorias evidentes, parciales o derrotas. El primer caso es, sin duda, el más sencillo de afrontar. Las mejoras económicas, en calendario o en condiciones son tan evidentes que no es necesario reiterarse en ello. El objetivo se ha alcanzado y la plantilla es consciente tanto de la utilidad tangible de la propia lucha como de la fuerza de su unión. El sindicato sale del conflicto reforzado y podrá negociar en mejores condiciones en el futuro. Ahora bien, debe cerrarse el episodio completo, y eso supone repasar lo sucedido, aspectos que puedan mejorarse y, especialmente, dedicar el tiempo necesario a, como insisten unas compañeras, no dejar ningún muerto en el camino. No dejar muertos quiere decir que no puede abandonarse a una persona militante como un pañuelo una vez ha cumplido su función, que hay quienes tendrán unas necesidades generadas por la propia huelga tanto a nivel familiar, económico o de otro tipo, que se puede haber cometido errores que han sobrecargado a alguien o que, producto de la tensión, se puede haber tratado incorrectamente a una compañera.

En definitiva, hay que poner los cuidados también en el centro de la dinámica sindical. Dejar muertos es perder a aquella persona a la que otra se le dirigió mal, a quien cargó con mucho trabajo porque otros se escaquearon, a quien fue más allá de lo que podía y ahora tiene un problema grave en casa. Dejar muertos es ignorar esas situaciones e ir cada uno a lo suyo, sin importarle cómo está ese compañero o esa compañera por quien que te partías la cara en un piquete o con quien gritabas en una concentración solo unos días atrás. Es imprescindible esta revisión posterior no solo desde un punto de vista de relación de fuerzas con el oponente, sino a nivel humano y de situaciones vividas. La sección sindical y el colectivo entero pueden detectar estas situaciones y activar las iniciativas necesarias para lamernos las heridas, ayudar a quien lo necesite, darle tiempo a quien esté quemada o, por qué no, abrir un espacio de celebración distendido para poder disfrutar con calma y alegría todo lo que se ha vivido conjuntamente.

Desde un punto de vista organizativo, finalizada una lucha sindical es también momento tanto para realizar acciones de expansión como para animar a compañeras que se significaron en el conflicto a participar más activamente en el día a día de la sección o el propio sindicato. Es también importante que todas las victorias sean difundidas y explicadas por redes sociales, debates o encuentros de todo tipo, porque ese optimismo anima a otras trabajadoras a dar el paso y extender la chispa de nuevas reivindicaciones. Habitualmente hay una tendencia a pasar página tanto a nivel local como de la propia estructura sindical entre otras razones porque el día a día consume las energías disponibles. Dedicar ese plus a la extensión de la victoria conseguida, y especialmente a cómo fue, es como plantar las semillas de la fuerza sindical a medio plazo.

LAS VICTORIAS PARCIALES. SI HEMOS ALCANZADO MEJORAS, ¿POR QUÉ NOS SENTIMOS MAL?

Una de las situaciones más paradójicas y complejas en la resolución de conflictos es el caso de las victorias parciales. La huelga ha sido dura, las personas están fuertemente motivadas y con seguimientos amplios, pero por diversas razones ha faltado *un poco* para conseguir la totalidad de las reivindicaciones planteadas. Después de varios intentos, de introducir cambios, de incrementar la fuerza, ambas partes comprenden que se ha llegado a un punto muerto. La huelga genera daño, pero la empresa, al menos aparentemente, está en condiciones de mantener firmes sus posiciones en el tiempo. Aun así, está harta y dispuesta a hacer concesiones. Simultáneamente, las huelguistas han de valorar también si se ha iniciado una curva descendente y estimar el tiempo que podrá mantenerse ese punto muerto antes de que comience una pérdida progresiva de terreno. Ante ese panorama, se acuerda una victoria parcial. Se consiguen unos puntos, pero otros quedan fuera del alcance del texto final o se ven matizados reduciendo su efectividad. Finalizada la movilización, no es nada extraño que se extienda la decepción o caída brusca de la moral ante los resultados obtenidos. Se obtienen mejoras, pero el ambiente es triste.

Hay que matizar que estamos hablando siempre de mejoras reales respecto a objetivos iniciales, no de reducción de agresiones patronales, como podría ser el número de despedidas en un ERE o sus condiciones de salida. En mi opinión, el malmenorismo, en esos contextos, consiste en simples derrotas maquilladas.

Pero volviendo a la cuestión de las victorias parciales, se produce en el colectivo de huelguistas, y especialmente en el sector de las personas más motivadas, un sinsabor, un "podríamos haber conseguido más", un "hemos dejado pasar esta oportunidad" que es terreno abonado para la decepción o la extensión posterior del derrotismo, sembrado a conciencia por esquiroles, secciones sindicales proempresa o directamente por la propia patronal. La intencionalidad es evidente: fortalecer sus posturas antimovilización con discursos centrados en la inutilidad del esfuerzo si se compara con los resultados obtenidos, evitar la siguiente huelga, canalizar ese descontento hacia la frustración y la debilidad futura del sindicato o sindicatos convocantes. No es ninguna novedad, desde los sindicatos amarillos al "there is no alternative" thatcherista y al "las huelgas no sirven" del periodo de crisis financiera. Todos buscan lo mismo: que la clase trabajadora pierda la fe en la mejor de sus armas, colapsar el sistema productivo capitalista a pequeña o gran escala mediante la huelga. Si nadie cree en aquello que puede solucionar sus problemas, la patronal habrá ganado todas las futuras luchas al no disputarse ninguna.

Hay diferentes formas de evitarlo, pero todas pasan por esas reevaluaciones de todo el proceso realizadas colectivamente a las que nos hemos referido anteriormente. Trazar el momento actual sobre un papel es necesario para después dar los siguientes pasos. Pero a nivel comunicativo está claro que hay un reto ante la mesa: cómo neutralizar el mensaje simple de colaboracionistas y empresa respecto la falta de utilidad de la huelga con otra idea clara y sencilla que difunda exactamente lo contrario. En este sentido, puede servirnos un cambio de perspectiva general: si no nos hubiéramos movido, ¿habría cedido la empresa en todo lo conseguido? Las personas que conocen los contextos del sector, administración o empresa saben perfectamente que no. Así que desde ese punto podemos iniciar la estructura de mensajes y comunicaciones a construir para reiterarlo continuamente, ponerlo en valor y confrontarlo a la otra alternativa: que no tendríamos nada de no habernos movido, aunque no nos parezca suficiente. Darle la vuelta al "there is not alternative", poniéndolo al revés: sin la huelga no había otra alternativa mágica que hiciera caer los derechos o incrementos conseguidos del cielo.

Es muy importante este pulso porque cambia el sentido del sindicalismo a su verdadero potencial. De ser un simple movimiento de protesta, de desahogo, a una palanca de cambios reales que de otra forma jamás se conseguirían. La percepción de utilidad de la lucha sindical es muy poderosa y por eso es continuamente atacada, así que nos indican con luces de neón dónde insistir.

AFRONTANDO LA DERROTA, QUE QUIZÁS NO LO ES TANTO

El concepto de derrota es muchas veces relativo a no ser que esta sea estrepitosa, evidente y absoluta. En este último caso, la sección sindical debe hacer de tripas corazón, superar el duelo, cuanto antes mejor, y activar lo antes posible dinámicas de contrapoder y volver a construir desde ese punto, resaltando y recordando siempre todo lo positivo que se ha podido extraer del conflicto, que siempre es mucho. La moral, inevitablemente, quedará tocada, así que es probable que se necesite un tiempo para recomponer las fuerzas y esperar un mejor momento. Avanzar y retroceder, es un toma y daca en una carrera de fondo sin fin. Realizar algunas retiradas no solo no es negativo, sino necesario; el problema llega cuando solo se retrocede o la acción se limita a ese sindicalismo de resistencia que huele a debilidad y es tratado como tal. El mayor fracaso es siempre el de quienes nunca luchan.

Si no estamos asistiendo a un aplastamiento de la máquina empresarial, a menudo con ayuda de sus sindicatos de cabecera, esa *derrota* dependerá de muchos factores subjetivos y percepciones de lo sucedido. Percepciones que, a su vez están condicionadas por aspectos personales o el efecto que la propaganda en uno u otro sentido haya realizado. En todo caso, estos escenarios deben afrontarse con un cierto realismo, pero también con la necesaria resiliencia y perspectiva: "Compañeras, que no estamos tan mal". Es importante tener en cuenta que *perder* difícilmente puede establecerse de forma general y ante cualquier conflicto sindical. ¿Qué es *perder*? ¿Luchar por la municipalización de un servicio y no conseguirlo, pero sí mejorar sustancialmente las condiciones? ¿No tener un buen seguimiento en una huelga pero, a la vez, romper una dinámica dócil que permitirá iniciar otras en mejores condiciones? En otras ocasiones nos marcamos unos objetivos, sean los que sean, pero siendo conscientes que la principal reivindicación no será alcanzable en este momento. ¿Es un fracaso conseguir esos hitos y no el que ya dábamos por muy difícil?

De nuevo, sección y huelguistas deben realizar una valoración, con necesaria frialdad y calma. Cuando las emociones están apocadas todo parece dramático, irresoluble y oscuro, pero es mucho más probable que estemos ante un gris y no ante el fundido a negro de la pérdida de esperanzas. Incluso saliendo de un conflicto sin nada tangible, si el daño generado ha sido relevante, se crea un activo en forma de demostración de que ese gato que parecía inofensivo tiene colmillos y muerde. Una vez objetivado el momento existente es importante gestionar de alguna forma el cierre o pausa del conflicto y, aunque pueda ser difícil, maximizar la utilidad o presentar el enfoque de la forma más conveniente para las huelguistas. Aunque no es lo más deseable, existe la opción de canalizar lo sucedido hacia la realización de una justa protesta de una plantilla. Y no es lo mejor, porque focalizarse en la simple protesta aleja a la lucha de su verdadera potencialidad: su utilidad para cambiar las injusticias y cosechar nuevos derechos.

Sindicato convocante, esquiroles y revientahuelgas varios se lanzarán encima para propagar la idea de que de gris nada, que estas son las consecuencias de hacerse ilusiones, que no hay más futuro que el presente que existe y que debemos aceptarlo. Son seguramente los momentos más amargos de la lucha sindical, pero precisamente por ello se deben afrontar con el mejor enroque posible, levantando cortafuegos que impidan que el incendio de la venganza no alcance las casas. Se acabará extinguiendo y, desde ahí, hay que aprender de todo lo que ha fallado para preparar el siguiente embate.

CAPÍTULO 11

EL CONFLICTO COMO LLAVE DE REVITALIZACIÓN DEL MOVIMIENTO OBRERO

El sindicalismo de paz social es incapaz de ocultar su fracaso general ante amplias capas de la clase trabajadora. Esa decadencia es también la oportunidad para que un modelo sindical de combate emerja de forma significativa.

Conviene matizar, antes de nada, qué significa *fracaso y decadencia* en el contexto del Estado español. No lo es ni en términos de representatividad en elecciones sindicales ni por una caída abrupta de la afiliación de las principales organizaciones estatales que hiciera posible un *sorpasso* a medio plazo por parte de opciones que representen un sindicalismo de contrapoder. La inercia del ecosistema sindical del Estado y de sus principales estructuras es tan descomunal que no puede frenarse en seco. Clientelismo en centros de trabajo, costumbre, cierta connivencia con la patronal o la existencia de factores sociológicos reticentes al conflicto permiten que exista un colchón firme y resiliente a la erosión. Simultáneamente, la participación institucional sigue gozando de buena salud y, aunque no fuera así en el futuro, una cierta etapa de oposición sería también positiva en términos de reivindicación de ese papel de cara al siguiente cambio de ciclo político.

No, los problemas se dan en otras regiones. El fracaso se mide en el resultado que ha tenido la apuesta por la concertación en las condiciones de vida materiales de la clase trabajadora. Como se ha detallado anteriormente, nadie tiene la capacidad de hacer magia en una mesa de negociación con la patronal si no es mediante la aplicación de una fuerza que realice un daño real y significativo y reequilibre la balanza. Quien sostenga lo contrario, miente. En ausencia de presión, ¿cómo pueden obtenerse condiciones ventajosas, sin aceptar retroceso alguno, cuando quien está enfrente tiene el poder legal y la mano en la caja? Exactamente, ¿cómo? Es imposible. Es inevitable que los esquemas de negociación sin componente de presión, presentados como acuerdos razonables, finalicen en cesiones de derechos de trabajadores, mercadeo o retrocesos salariales. El poder adquisitivo por hacer el mismo trabajo en el periodo entre 2008 y 2022 ha caído un 12,8% según el Gabinete Socioeconómico de CCOO. Solo el 16% de los convenios colectivos tiene una cláusula de garantía inflacionaria. La única buena noticia en los últimos años es que el incremento del salario mínimo ha alcanzado a muchas categorías profesionales de diferentes convenios sin que se haya producido un efecto arrastre de estos hacia arriba. Por el contrario, se han eliminado pluses garantistas como antigüedad, a la vez que se han introducido más condiciones draconianas como bolsas de horas, donde es la empresa quien decide sobre la vida de la trabajadora, o jornadas irregulares a la carta para disponer del último espacio de la persona: la disposición de su propio tiempo.

El panorama es desolador y palpable. La exposición del sindicalismo de paz social en este recorrido, su incapacidad para encontrar soluciones percibidas positivamente por la clase trabajadora y su persistencia en una moderación que sigue dando los mismos resultados negativos son un obstáculo para la credibilidad y la percepción de utilidad de esas organizaciones. Si el sindicato no mejora nuestras vidas, ¿para qué sirve? ¿Qué más da? A pesar de la inercia favorable que supone estar cerca del sistema o formar parte de él, sí se escuchan ruidos en los andamiajes tras décadas de aplicación de la misma receta. Aunque la población asalariada en el Estado superaba los 22 millones de personas en 2024, más de 7 millones por encima del máximo existente en los años previos a la crisis financiera, la afiliación a las principales organizaciones está muy lejos de acercarse a la de entonces. La explicación tiene causas más profundas que una simple referencia a la desideologización general. La capacidad de movilización en las calles la tienen desde hace tiempo otros actores. Y, cuando se trata de desplegar un conflicto laboral por parte del sindicalismo de concertación, hecho que sucede muy de vez en cuando, los cuadros sindicales muestran falta de experiencia, de capacidad. Aun cuando arrancan el vehículo, se le ve claramente el óxido y se huele la debilidad. La falta de atractivo y utilidad, sumada al envejecimiento de su base social, son síntomas de una decadencia que irá a más a medida que el sistema capitalista dé pasos más decididos para reequilibrar por arriba la pérdida de fuerza real.

Este análisis, realizado desde el sindicalismo de contrapoder, no tiene nada de novedoso. Se repite con varios matices desde hace décadas y se repetirá de la misma forma en los próximos años. La cuestión es cómo actuar al respecto, no solo observarlo.

En varios sindicatos que sí apuestan por el binomio lucha-negociación se ha vivido durante mucho tiempo en lo que se suele llamar la comodidad del rincón. Se trata de asumir un rol secundario y minoritario desde donde lanzar críticas a los principales sindicatos del Estado, quedando estupendamente, pero sin disputar de forma directa todos y cada uno de los espacios que ocupan con el objetivo real de sustituir su modelo. En un ERE, aun sabiendo lo que acabará pasando, se adopta una posición de unidad sindical para, en el último momento, saltar de la furgoneta en marcha y señalar a los conductores como culpables del desastre. Las secciones sindicales de un sindicato combativo actúan lo mejor que pueden, pero se crean pocas nuevas porque se confunde el significado de sindicato con la imagen del sindicato actual. Poca diversidad, "a ver quién entra"; mismas caras, mucho tiempo. Ojo con crecer, que tiene riesgos. Es el modelo del "vamos tirando". La gente ni milita ni entra en masa porque no hay nada que hacer, y menos nosotros, la última reserva de la llama. Muchas personas de varios sindicatos conocen estos contextos y lo difícil que es cambiarlo.

Así pues, la clase trabajadora del Estado español tiene ante sí dos dinámicas poco ilusionantes. Primero, la de la profundización de la debilidad obrera mediante el papel de interlocución política y paz social de los sindicatos mayoritarios y muchos otros sectoriales. Por otro lado, el camino de sindicatos combativos que persistan en posiciones cómodas basadas en muy pocas *islas* de lucha por empresa, a menudo en condiciones desfavorables de influencia. Visto que cambiar 180 grados el sentido de organizaciones enquistadas en la paz social es tan probable como ver nevar en el Sáhara un 15 de agosto, hay que mirar al sindicalismo llamado combativo, de contrapoder o cualquier otro adjetivo que indique que la lucha de clases es esencialmente eso, que hay que luchar. Todo relanzamiento depende del incremento de la ambición de esos sindicatos para alcanzar el nivel de organizaciones poderosas.

Se pueden observar algunas pistas de cómo hacerlo. Hay dos territorios donde el porcentaje de afiliación es el mayor de todo el Estado. Donde las estadísticas de huelgas, jornadas realizadas y seguimientos son los mayores, año tras año, no solo en proporción a la población, sino muchas veces en números absolutos, donde los convenios firmados tienen las mejores condiciones y donde pueden convocarse huelgas generales con seguimientos relevantes. También es donde el sindicalismo de paz social no es el mayoritario, como en Galicia y Euskal Herria. En este último caso, vemos cuotas de afiliación más altas y una estrategia de cajas de resistencia millonarias para ganar, por fuerza bruta, el máximo número de huelgas posible. Aunque es probable que el factor nacional tuviera y tenga un peso relevante en la conformación de las principales organizaciones sindicales en esos dos territorios, esto no tiene por qué suponer de forma automática que esos sindicatos no tuvieran que reproducir a otra escala el mismo papel de colaboracionismo con el sistema económico, basado en la contención y marginación del conflicto obrero como arma de negociación en las reivindicaciones. No parece que sea el caso cuando el lehendakari del sindicato del PNV se lamenta en la sede parlamentaria por la conflictividad laboral en Euskadi o las reiteradas críticas de CONFEBASK en medios de comunicación sobre la misma cuestión.

Vayamos a otro territorio: Catalunya. Desde la llamada Transición, el sindicato que más huelgas y seguimientos realizaba era, cada año, CCOO. A pesar de su menor conflictividad relativa, la mayor presencia en empresas era determinante. Pero desde 2015, cada año es otro pequeño sindicato el que ha tomado la alternativa, según datos oficiales, la CGT. Pelear por todos los espacios de tú a tú, salir del rincón, es también eso, ocupar el terreno del liderazgo en lucha sindical mediante políticas de expansión, extensión del conflicto y recrudecimiento de estos para que las opciones de victoria sean mayores, cosa que sucede con mayor intensidad en periodos de crecimiento económico. Al poco tiempo de conseguirse este cambio de tendencia, las afiliaciones se dispararon hasta convertirlo en el tercer sindicato catalán con personas organizadas y con una dinámica creciente de altas cada año, lo que mejoró las capacidades del sindicato en su conjunto, así como su implantación en cada vez más empresas y sectores. Este incremento de presencia se traduce en centenares de nuevas secciones sindicales creadas en poco tiempo, lo que, a su vez, genera más luchas y conflictos que suponen mayores entradas de afiliación a la organización. Se ha creado una espiral que se alimenta a sí misma.

En estos tres casos se repite el mismo esquema. El incremento del conflicto sindical, su dureza y las jornadas dedicadas en cada huelga no solo permite las mejoras reales frente a las que fracasa una y otra vez el sindicalismo de la derrota, sino que, en términos organizativos, es el imán que genera un fortalecimiento en número y capacidad de los propios sindicatos. Si tu propaganda es una propuesta de lucha, quienes se acerquen serán aquellas personas que consideran que es lo adecuado, y no son pocas. Debe tenerse en cuenta también que, con cada huelga y cada conflicto, las trabajadoras queman etapas de concienciación de manera más rápida que de otra forma. En un enfrentamiento, las posiciones de unos y otros quedan muy nítidas y el sentimiento de pertenencia al colectivo y la solidaridad, son la mejor escuela de formación posible.

Pero a veces es complicado apostar por este camino. Cuando se echa un vistazo a la sociedad, puede caerse fácilmente en sesgos de confirmación en base a experiencias pasadas, decepciones o malos *inputs* generales. A nivel sindical, muchas personas han tirado la toalla en cuanto a la posibilidad real de realización de cambios tangibles y se refugian en la lejana utopía que anima a saber que cada paso es correcto, aunque no sea efectivo. Eso no es suficiente. Hay que creer en la capacidad real de ver con nuestros propios ojos cómo forzar esos cambios, pero para ello necesitamos dos condiciones imprescindibles: ser lo bastante firmes y ser tantos como para ser relevantes. Lo uno sin lo otro es muy fácil, pero para vencer es imprescindible que se den ambas. Es vital que, primero, las personas que están hartas de tragar malas condiciones de vida sepan identificar con hechos visibles, y no solo postureo o escaso número, qué organizaciones están levantando una alternativa. Porque luchar no es suficiente, hay que ganar y que sean esas mejoras las que hablen en nombre de quien pelea. Ese es el horizonte de recuperación del concepto de utilidad que no debe perder nunca el sindicalismo: no luchar solo por ser lo correcto, sino porque es, también, la única vía para obtener mejoras reales: pasar del nivel de la protesta al de la fuerza temible que avanza.

Conseguir ese objetivo amplifica otro secundario y totalmente relacionado: deja desnudo el otro modelo basado en la contención del conflicto, tanto a nivel de evidenciar quién se mueve —y quienes no, por qué—, como por la diferencia de resultados obtenidos en condiciones de presión y sin ella. Caen piezas de dominó debido al movimiento inicial.

La mayor fuerza que nunca ha habido en el sindicalismo del Estado español fue, sin duda, la CNT del primer tercio del siglo XX. En absolutamente todos los niveles a los que cualquier organización pretenda compararse, ellos y ellas estaban varios pasos por delante: capacidades revolucionarias, penetración social, generación de cultura, presencia en las luchas sociales de tal forma que el poder siempre la temió y la combatió a sangre y fuego. La huella intelectual y ejemplar de muchos de sus militantes es tan profunda que no se ha podido levantar ese hilo hasta donde lo dejaron. El anarcosindicalismo de entonces fue tan grande que muchas veces se ha cometido el error de mitificarlo o, incluso, sacralizarlo. Pero más allá de todo aquello que construyeron por un mundo nuevo estaba el cómo lo hicieron. Por supuesto, siguiendo los principios anarquistas de igualdad por un mundo sin jerarquías ni clases, pero también con una aplastante practicidad que tendría que servirnos de inspiración para las cuestiones relativas a cómo construir un sindicalismo de contrapoder fuerte.

Seguí y Peiró no hacían brindis al Sol hablando de la revolución, sino que detallaban exactamente cómo proceder desde el día siguiente en que se consiguiera, y así fue durante el periodo de revolución social posalzamiento, hasta que fue reprimida. Otra característica que deberíamos tener siempre presente es la velocidad de los cambios y adaptaciones que realizaban. Cuando algo no servía, se dejaba a un lado; cuando era necesario cambiar la estructura sindical de la organización, pasando de ser por oficio a la sectorial, se hizo. Con fricciones y tensos debates, pero se hizo, y fue clave para todo el movimiento sindical y la fuerza de los y las trabajadoras. Cuando el sindicato caía en periodos de ilegalizaciones, se creaban estructuras oficiosas para dar respuesta. Si se decidía realizar una expansión no se quedaba en unas palabras y actos, sino que se ponía en marcha una estructura de apoyo y personas que la propagaran como la pólvora.

Practicidad, adaptaciones y ambición. Son pocas palabras, pero radicalmente necesarias para dar la vuelta al *statu quo* del sindicalismo en el Estado mediante la extensión de la huelga y el conflicto sindical. Salir del rincón es más que simplemente agitar las organizaciones para que se creen más conflictos concretos. Es también la disputa de todos los espacios ocupados por el sindicalismo mayoritario, sociales, sindicales y territoriales, manteniendo una actitud de igual a igual y visibilizando la pugna públicamente. Hay que ganar el máximo de luchas posibles poniendo toda la carne en el asador porque, aunque pueda no parecerlo, millones de personas están hartas de una vida sin expectativas y de su incorporación al sindicato depende nuestro eficaz contraataque como clase.